POR QUE NÃO PENSEI NISSO ANTES?

A Editora Nobel tem como objetivo publicar obras com qualidade editorial e gráfica, consistência de informações, confiabilidade de tradução, clareza de texto, e impressão, acabamento e papel adequados.
Para que você, nosso leitor, possa expressar suas sugestões, dúvidas, críticas e eventuais reclamações, a Nobel mantém aberto um canal de comunicação.

Entre em contato com:
CENTRAL NOBEL DE ATENDIMENTO AO CONSUMIDOR
Fone: (11) 3706-1466 – Fax: (11) 3706-1462
R. Pedroso Alvarenga, 1046 – 9º andar – 04531-004 – São Paulo – SP
www.editoranobel.com.br
E-mail: ednobel@editoranobel.com.br

Allyn Freeman
Bob Golden

POR QUE NÃO PENSEI NISSO ANTES?

As origens bizarras das invenções
mais geniais e indispensáveis

Tradução de Eli Stern

Nobel

Publicado originalmente sob o título
Why didn't I think of that?
Tradução autorizada da edição em língua inglesa por John Wiley & Sons, Inc.
© 1997 de Allyn Freeman e Bob Golden

Direitos desta edição reservados à
AMPUB Comercial Ltda.
(Nobel é um selo editorial da AMPUB Comercial Ltda.)
Rua Pedroso Alvarenga, 1046 – 9º andar – 04531-004 – São Paulo – SP
Fone: (11) 3706-1466 — Fax: (11) 3706-1462
www.editoranobel.com.br
E-mail: ednobel@editoranobel.com.br

Coordenadora da edição: Maria Elisa Bifano
Revisão: Denise Katchuiam Dognini e Maria Aparecida Amaral
Capa: Vivian Valli
Composição: Júlio Portellada
Impressão: Cromosete Gráfica e Editora Ltda.

Publicado em 2004

Dados Internacionais de Catalogação na Publicação (CIP)
(Câmara Brasileira do Livro, SP, Brasil)

Freeman, Allyn
  Por que não pensei nisso antes? : as origens bizarras das invenções mais geniais e indispensáveis. / Allyn Freeman, Bob Golden ; tradução de Eli Stern. — São Paulo : Nobel, 2004.

Título original: Why didn't I think of that?

Bibliografia
ISBN 85-213-1243-1

1. Invenções – História I. Golden, Bobo. II. Título. III. Título: As origens bizarras das invenções mais geniais e indispensáveis.

03-1340   CDD–609

Índice para catálogo sistemático:
1. Invenções : História : Tecnologia 609

O uso do logotipo EXAME (marca registrada da Editora Abril S.A.)
é autorizado, neste livro, por Abril Marcas Ltda.

É PROIBIDA A REPRODUÇÃO

Nenhuma parte desta obra poderá ser reproduzida, copiada, transcrita ou mesmo transmitida por meios eletrônicos ou gravações sem a permissão, por escrito, do editor. Os infratores serão punidos pela Lei nº 9.610/98.

Impresso no Brasil / *Printed in Brazil*

SUMÁRIO

Introdução	9
1. Sucesso em grãos Melitta, Inc.	15
2. O mundo por um fio O Ioiô Duncan	20
3. Hora da festa! Tupperware	25
4. O purificador da natureza Ex-Lax	31
5. Amigos inseparáveis A cola-tudo Elmer's	35
6. $exo $eguro Camisinhas Trojan	40
7. O vermelhão Ketchup Heinz	45
8. Não erre Liquid Paper	50
9. Banheiro do bichano Kitty Litter	55
10. Período pacífico Tampax	60
11. A "bobagem" do Wright Silly Putty, a massa boba	65

12. Cobertura médica — 70
    Band-Aid
13. O cartão da sorte — 74
    Hallmark, Inc.
14. O sensacional esqui doméstico — 79
    NordicTrack
15. Não roubarás — 84
    O Club
16. O corte providencial — 88
    Cuisinart, Inc.
17. Gelatina milagrosa — 92
    Vaseline
18. Silêncio é ouro — 97
    Midas
19. Miniconstrutor — 101
    Lego
20. Façam seus jogos — 105
    Trivial Pursuit
21. Um gênio dos jeans (Um "jeanio") — 109
    Levi Strauss & Company
22. Segura firme — 113
    Velcro
23. Rodas da fortuna — 118
    Rollerblades, Inc.
24. Limpeza completa — 123
    Dirt Devil
25. Bonequinha de luxo — 127
    Barbie

26. Uma colher cheia de amor — 131
   Jell-O
27. A caneta onipresente — 136
   Bic
28. A cor do dinheiro — 141
   Clairol
29. Alguns preferem quente — 146
   Molho Tabasco
30. A febre da mola — 151
   Slinky
31. Transportando frio e calor — 156
   Thermos
32. Pequenos banquetes — 161
   Gerber
33. Recheado de meia — 166
   L'eggs
34. Frito americano — 171
   Frito-Lay
35. Traseiros em alta — 177
   Pampers
36. Escute aqui — 182
   Beltone
37. Esponja gloriosa — 187
   S.O.S
38. As páginas amarelas — 191
   Post-it
39. O precioso recipiente — 195
   Dixie

40. Casa de cera　　　　　　　　　　200
    Crayola

41. O doce senhor　　　　　　　　　205
    Tootsie Roll

42. Um ponto no tempo　　　　　　209
    Máquinas de costura Singer

43. Comida caseira　　　　　　　　214
    Boston Market

44. Turbilhão de sucessos　　　　　218
    Jacuzzi

45. A cadeira do chefe　　　　　　　222
    La-z-boy

46. Estrela da manhã　　　　　　　226
    Corn Flakes Kellogg's

47. Fatias de vida　　　　　　　　　231
    Canivete do Exército Suíço

48. Uma montanha de café　　　　　235
    Starbucks

49. A fria quente　　　　　　　　　240
    Sorvete Ben & Jerry's

50. Agenda de bolso　　　　　　　　246
    Filofax

Agradecimentos　　　　　　　　　　250

Bibliografia　　　　　　　　　　　　252

INTRODUÇÃO

Ao ler no jornal a notícia do lançamento de um produto novo, você já deve ter dito: "Ei, eu havia pensado nisto!" É bem provável que tenha pensado mesmo. Mas a diferença entre você e as pessoas que os inventaram, é que, provavelmente, elas têm mais experiência, motivação e talvez um pouco mais de capital, e por isso conseguiram transformar essas idéias originais em realidade. Elas estão destinadas a usufruir uma vida de fama e riqueza, e você ficará eternamente a imaginar como poderia ter sido sua vida se fosse mais empreendedor.

Como surgem os produtos novos e as invenções? Por que fazem sucesso? Como é que pessoas, muitas delas simples e com conhecimentos rudimentares de comércio, conseguem aproveitar uma idéia que as deixa milionárias? Estas questões sempre nos intrigaram e decidimos escrever um livro para obtermos as respostas.

Em busca dos produtos perfeitos

Começamos compilando uma lista inicial de duzentos produtos que apresentavam o perfil que procurávamos, e que pretendíamos reduzi-los a cinqüenta, tornando o trabalho viável. Primeiramente eliminamos os produtos mais adequados para publicações científicas, como o raio X, o telefone celular, o filme plástico para embalar alimentos e, em seguida, eliminamos aqueles cujas histórias já foram veiculadas à exaustão pela mídia, como a da Microsoft, da Apple e do McDonald's. Determinamos o seguinte critério:

1. A pessoa deveria ter ganhado muito dinheiro com o produto (de preferência, mas não necessariamente, a pessoa deveria ser a criadora ou inventora).
2. O nome do produto teria sido imediatamente reconhecido.
3. Os relatos deveriam conter fatos históricos, além de fatos curiosos.

INTRODUÇÃO

Coletando o material de pesquisa

Para descobrirmos as histórias mais intrigantes, pedimos sugestões a amigos e familiares. Muitos deles responderam com listas de indicações, as mais variadas. Mas todas elas incluíram os fabulosos Post-it da 3M. (Veja na pág. 191 os detalhes sobre esta idéia "de inspiração divina"). Eliminamos as histórias que não preenchiam os nossos três requisitos e aquelas que eram terrivelmente monótonas. A partir daí a nossa pesquisa tomou o seguinte rumo:

- Contatamos os departamentos de relações públicas das empresas. Quem melhor do que eles para nos fornecer o material de marketing, propaganda e os números? Fomos atendidos com muita boa vontade e recebemos preciosas informações históricas, especialmente relativas à origem dos produtos.

- Visitamos a seção comercial da Biblioteca Pública de Nova York e lemos trabalhos já publicados sobre invenções e inventores.

- Obtido um enorme volume de material de pesquisa, a última etapa consistiu em redigir as histórias, incrivelmente envolventes, das pessoas que criaram ou inventaram os produtos sem os quais não poderíamos viver, ou lucraram com eles.

O caminho para a fortuna

Pudemos observar que essas pessoas ganharam dinheiro de três maneiras e, surpreendentemente, duas delas não exigiram criatividade ou talento inventivo.

INTRODUÇÃO

A primeira:
a maneira dos inventores e os criadores

Algumas das histórias contam a trajetória de pessoas que alcançaram o sucesso devido a um lance de genialidade, que surgiu por acaso ou intencionalmente. Dois desses exemplos são o corretivo líquido, Liquid Paper, um artigo que qualquer um poderia ter inventado, e o Velcro, que somente um cientista poderia ter criado.

Quantos milhões de vidros de esmalte de unhas foram abertos, usados e jogados fora? Só a Bette Nesmith teve a idéia da reutilização de um deles, enchendo-o com uma tinta branca diluída que foi usada para apagar erros de datilografia. Quando ela morreu seus bens totalizavam mais de US$ 50 milhões.

Quantos milhões de carrapichos foram arrancados de roupas de lã e há quanto tempo? Foi preciso que um engenheiro examinasse essas sementes sob o microscópio e se perguntasse se um pano sintético poderia ser unido a outro, sem o recurso de um prendedor. Essa pessoa foi George de Mestral, o inventor do Velcro, que vivia num castelo na Suíça.

A segunda:
a maneira dos empreendedores

Outras histórias relatam aquela "lâmpada" que de repente se acende na cabeça de alguém. Isto pode ter ocorrido quando a pessoa estava pesquisando um produto ou negócio novo, ou completamente por acaso.

Um francês, cansado de canetas esferográficas caras que vazavam tinta, decidiu fazer uma caneta mais barata e confiável. Marcel Bich, pilotava veleiros de competição na America's Cup, e sua empresa, a Bic, gera lucros de mais de US$ 1 bilhão anualmente.

INTRODUÇÃO

Um homem dirigia por uma rua quando parou para observar um menino pobre fazendo malabarismos exóticos com uma engenhoca feita de corda e uma bola. Posteriormente, ele adquiriu a patente do brinquedo e o ioiô tornou Donald Duncan uma pessoa rica e famosa.

A terceira:
a maneira dos marqueteiros e capitalistas

O terceiro caminho foi adquirir o controle acionário de alguma empresa em dificuldades e a partir daí, com uma boa administração financeira e de marketing, transformá-la numa empresa lucrativa. Os inventores dos patins Rollerblade tiveram sucesso relativo com a venda de patins *in-line*. Mas Robert Naegele, que adquiriu o controle da empresa por US$ 250 mil dólares, vendeu as suas ações por US$ 150 milhões.

O Tampax mudou de mãos por três vezes, antes que um experiente publicitário nova-iorquino o transformasse na gigantesca empresa chamada Tambrands.

O que descobrimos?
Eis um aperitivo em forma de teste

A cada dia histórias fascinantes passavam por nossa mesa de trabalho. Por que razão a franquia de silencioso do escapamento se chama Midas. As origens orientais da palavra Ketchup. Por que os filtros de café são chamados de Melitta, e muitas outras informações curiosas.

O teste que se segue antecipa o que você irá ler no livro.

A. Mahatma Ghandi certa vez disse o seguinte sobre um produto:
    1. "Eu adoro temperar meu curry vegetariano com Ketchup Heinz."

INTRODUÇÃO

    2. "Nada funciona melhor que a Cola Elmer's para consertar sandálias."

    3. "A máquina de costura foi um dos poucos inventos úteis."

B.   O canivete do exército suíço foi inventado porque:

    1. O exército suíço usava um canivete fabricado na Alemanha.

    2. O canivete não tinha aparador de pêlos nasais.

    3. Os americanos precisavam de um presente de *barmitzvá* incomum.

C.   O sucesso da Silly Putty foi conseqüência direta de:

    1. Uma caça ao ovo de Páscoa num salão da Casa Branca durante o governo Truman.

    2. Um artigo que apareceu na seção "Fofocas da Cidade", da revista *The New Yorker*.

    3. Um comediante empastelando a cara de outro com o produto, num programa de televisão infantil em 1949.

Palavras finais

Conhecer a história desses produtos levou-nos a uma viagem histórica no tempo e no espaço. Começamos em 1818, na Plantação Avery, em Luisiânia, futura sede do Molho Tabasco, e continuamos até 1985, com a implementação dos restaurantes Boston Chicken. Fomos até a região ártica com a Thermos e até a Lua com a Silly Putty. Testemunhamos como nos últimos dois séculos os americanos mudaram seus hábitos com o lançamento das camisinhas Trojan, dos cartões Hallmark e dos copos Dixie.

Há algo a ser destacado? Dois fatos provocaram risadas instantâneas: o nome original do Ex-Lax era BoBo e o nome de uma pintura de 1789 no Louvre é *Retrato de um nobre com seu ioiô*.

INTRODUÇÃO

A inspiração aparece de diferentes formas. Quando você faz parte de um time de escritores que espera se tornar tão rico a ponto de não precisar ser avarento, a inspiração freqüentemente aparece na hora do almoço. Certa vez, enquanto jantava num restaurante da Upper Westside da Broadway, a inspiração veio junto com um sanduíche de galinha Shawarma (servido em pão sírio e com temperos típicos do Oriente Médio). Essa criação deliciosa nos levou a pensar numa franquia — a Tendas Shawarma.

Se a fantasia de nos tornarmos "milionários Shawarma" imediatamente não der certo, temos grandes esperanças de que este livro venha a ser um campeão de vendas.

Ally Freeman e Bob Golden
Nova York
junho de 1997

1 SUCESSO EM GRÃOS
MELITTA, INC.

Quem sabia fazer café era a mamãe

Estamos em 1908 e você é Frau Bentz, uma dona-de-casa alemã que tem um marido amoroso e dois filhos educados. Você convida algumas senhoras de Dresden à sua casa em Marschallstrasse, para um café com bolo e dar graças por Kaiser Bill ocupar o trono imperial. A vesperal *Kaffeeklatsch* é um enorme sucesso e os elogios para a sua torta de maçã, divinos. A única nota dissonante parte de Frau Von Molte, ao resmungar que o café está um tanto amargo. E a bela Fräulein Glassburg? Sua aparência beirava o ridículo quando sorria e resíduos negros de café moído arruinavam o perfeito alinhamento de seus dentes brancos e brilhantes.

Frau Bentz decidiu ali, naquele momento, encontrar uma solução para esses problemas desagradáveis da preparação do café: em vez de colocar o pó moído no filtro dentro do recipiente, como se faz com o chá, ela o ajeitou em um tipo de filtro do lado de fora do recipiente. O resultado foi uma xícara de café perfeito — e o nascimento de uma marca de bilhões de dólares; uma embalagem verde e vermelha que se tornaria conhecida em todo o mundo: **Melitta**.

> A Melitta fatura mais de US$ 1,6 bilhão por ano e ainda é controlada pela família. Os netos de Frau Bentz dirigem a empresa em Minden, na Alemanha, e em Clearwater, na Flórida.

SUCESSO EM GRÃOS

Café: uma história com aroma

O café surgiu na Etiópia, em torno de 575 a.C. e logo se espalhou para o mundo árabe — daí o gênero e espécie de seu nome: *café arábica*. Café, um nome derivado do árabe *Qahwah* e do turco *kahveh*, na Europa chama-se café, coffee e Kaffee.

A partir do século XVII, na Inglaterra, as casas de café começaram a substituir as casas de chocolate como ponto de encontro e de negócios para os homens. Além, é claro, de local para degustar essa infusão tão popular (tida, então, como medicinal). A bebida e a vida social que se desenvolveu em torno dela eram tão populares, que em 1674 surgiu em Londres um livreto chamado *Uma petição das mulheres contra o café*, lamentando o fato de os homens passarem todo o seu tempo livre em casas de café e que duas xícaras dessa bebida os deixava impotentes.

> Nos lares americanos, 75% dos cafés são preparados usando-se o método de filtragem por gotejamento.

O método da infusão para preparar o café predominou na Europa até 1800, quando o arcebispo de Paris inventou um bule de gotejamento denominado *percolateur**. Quarenta anos depois Robert Napier, um engenheiro marítimo escocês, aprimorou o sistema usando vácuo e um recipiente de vidro, o que fazia a água passar com pressão pelo café moído.

Para se fazer um café quente na virada do século XIX fervia-se o café moído dentro de um recipiente de metal ou porcelana, ou despejava-se água quente sobre o café embrulhado num saco de pano. Os alemães consideravam essas técnicas mais refinadas que a francesa, na qual o café era colocado dentro de uma meia velha. Mas qualquer que fosse o método, a

---

* Grande máquina de fazer café. (N. T.)

SUCESSO EM GRÃOS

bebida resultante tinha aparência esbranquiçada e sabor ácido, ou o processo demorava tanto que ela esfriava antes de ser consumida. O mundo estava aguardando uma maneira simples e econômica de se fazer um bom café.

Papai e mamãe vão à feira

Com a idéia do filtro na cabeça, Frau Bentz foi ao quarto do filho à procura de algum tipo de papel absorvente. Depois de descartar aqueles demasiado finos ou espessos, ela se decidiu por um papel mata-borrão. Então separou cuidadosamente uma quantidade de café moído, colocou sobre o papel, despejou água fervente e pôs-se a olhar as gotas passando pela pequena caneca de latão, em cujo fundo ela havia feito pequenos furos usando uma broca. Ela notou com satisfação que o bule de porcelana se enchia com um café aromático e livre de sedimentos. E o primeiro teste de sabor de sua invenção? *Wunderbar!* Papel e caneca se mostraram, respectivamente, o filtro e o receptáculo ideais.

> A empresa recém-fundada recebeu medalhas de ouro e prata na Exposição Internacional de Higiene de Dresden, em 1910, por seu "aparato de filtragem".

O próximo passo foi patentear a invenção. Em 1908, no Escritório Real de Patentes de Berlim, ela registrou um "filtro de café de latão, com papel de filtragem". Ela e seu marido, Hugo, contrataram um artesão para fazer um objeto de latão com laterais altas. Uma casa de material artístico da região forneceu o papel para o filtro. Depois do sucesso local, a enérgica Frau Bentz foi picada pela mosca empreendedora. Ela quis vender seu sistema de filtragem de café pela Alemanha. No ano de 1909, os Bentz usaram todas as suas economias para alugar um pequeno quiosque na Feira de Comércio de Leipzig.

SUCESSO EM GRÃOS

Com sua combinação de elegância e praticidade, o método Melitta de fazer café tornou-se popular. O filtro de latão tinha uma asa fácil de segurar e se encaixava com facilidade sobre bules de café. E o mais importante: o sabor do café era delicioso. A expectativa dos Bentz era recuperar o investimento inicial e gerar um pouco de publicidade, mas acabaram vendendo o impressionante número de 1.200 sistemas de filtragem Melitta em uma semana!

Europa: a hora da virada para os Bentz

Lá pelo ano de 1925, e com as vendas na Alemanha disparando, a Melitta viu-se em perigo devido à concorrência acirrada. Para se destacar das imitações, Frau Bentz decidiu desenhar uma embalagem que tivesse uma composição de cores de fácil memorização e localização nos pontos de venda. Escolheu então os agora conhecidos verde e vermelho, que combinava com o marrom-brilhante do café, para representar a dupla de cores perfeita para produtos de café com qualidade. A logomarca foi criada em 1932.

Conforme ia crescendo, a empresa continuava aperfeiçoando seu sistema de filtragem e isso resultou no agora familiar filtro cônico com ranhuras internas, patenteado em 1937. O latão foi substituído pela porcelana branca e ganhou uma tampa protetora de alumínio. O desenvolvimento de plásticos resistentes ao calor resultou no filtro leve e inquebrável. Posteriormente, "o amigo matinal dos solteiros" e o prático filtro descartável para uma única xícara foram as inovações acrescentadas à linha de produtos.

> A Melitta abriu uma rede de lojas de café expresso denominada Coffee World, em vários shopping centers dos Estados Unidos, com a meta de ter de cem a duzentas em funcionamento na virada do século.

SUCESSO EM GRÃOS

O final surpreendente

Frau Bentz mudou para sempre a maneira como o mundo faz e aprecia o café. Sua simples criação rendeu milhões para a família Bentz — e continua rendendo, já que seus netos Jörg, Thomas e Stefan continuam a administrar essa empresa familiar em todo o mundo. Seu sistema de filtragem também recebeu outro reconhecimento, muito raro para uma mulher em 1908. Sua criação foi imortalizada quando a companhia foi batizada com seu nome: Frau Melitta Bentz.

2 O MUNDO POR UM FIO
O IOIÔ DUNCAN

A parada divertida

Em algum momento da história, um pequeno brinquedo de forma arredondada, preso por um barbante, chamado de *bandalore* pelos europeus, chegou à China e, mais tarde, através das rotas comerciais do Mar Asiático, até as Filipinas. O *bandalore* não passava de um disco que descia e subia rolando por um barbante preso à mão. Os filipinos aperfeiçoaram o modelo prendendo o fio aos discos, o que permitia ao brinquedo "descansar" antes de retornar para o alto.

Das Filipinas, seguimos rapidamente para Santa Mônica, na Califórnia, no final da década de 1920. Pedro Flores, um filipino carregador de malas de um hotel local, era craque com ioiô e conseguia fazer acrobacias incríveis com ele para entreter as pessoas. Pedro, então, registrou o brinquedo no escritório de patentes dos Estados Unidos sob o nome de Ioiô Flores, e começou a produzir manualmente modelos de madeira. Certo dia, Donald F. Duncan parou numa esquina fascinado com o que via: um adepto do ioiô fazia o brinquedo "dormir" — isto é, parar na extremidade do barbante. Em 1932 ele adquiriu os direitos de comercialização da marca de Flores e começou a fabricar um objeto com padrão americano: o ioiô **Duncan**.

> *Ioiô* significa "Volte, volte" em talago, língua malaia falada nas Filipinas.

O MUNDO POR UM FIO

O ioiô no passado

Historiadores asiáticos gostariam que o mundo acreditasse que a origem do ioiô remonta a certas tribos filipinas da Idade da Pedra. Homens dessas tribos teriam amarrado "pedras de caça" a longas cordas feitas de fibras de plantas ou de couro de animais. Esses caçadores arremessadores lançariam essas pedras sobre as presas, e elas, supostamente selecionadas para tal finalidade, não se perderiam no emaranhado das florestas.

Na verdade, a primeira referência histórica ao ioiô retrocede ao ano de 450 a.C. na Grécia. Um desenho num vaso dessa época e lugar retrata um menino brincando com um disco que oscila na extremidade de uma corda. Hoje, há provas evidenciando que o brinquedo era bem popular nas cortes reais da Inglaterra e da França nos séculos XVI e XVII, onde era conhecido por alguns nomes exóticos como *quiz*, *l'emigrette*, *coblentz* e *incroyable*.

Até mesmo os exércitos napoleônicos usavam seu tempo entre comer vitela à Marengo e conquistar a Europa para divertir-se com o tal brinquedo. No final do século XVIII, uma febre de ioiô assolou Paris. Muitos nobres franceses mandavam fazer os seus com entalhes delicados elaborados em marfim ou vidro, e com eixos de latão polido. Do outro lado do Canal da Mancha, lorde Wellington, o Duque de Ferro da Inglaterra, teria sido um entusiasta do ioiô.

> O ioiô é o segundo brinquedo mais antigo conhecido, depois das bonecas. A maior coleção de ioiôs pertence a um dermatologista da Flórida, que possui mais de 4 mil exemplares.

Tradicionalmente, os maiores especialistas do ioiô são os homens e os meninos filipinos, para quem o brinquedo é um passatempo nacional. Eles entalhavam seus discos usando chifres de antílope ou de pau-santo, uma madeira também conhecida como pau-da-vida. Depois da guerra hispano-americana muitos nativos das Filipinas emigraram para a Califórnia, levando consigo sua cultura, que incluía o ioiô.

O MUNDO POR UM FIO

Duncan contrata

Donald Duncan continuou a fazer seu ioiô Flores de madeiras de lei nativas — como o bordo, o freixo e a faia — mantendo o tamanho e o formato básicos, que coubessem confortavelmente na palma de uma mão.

Duncan deu-se conta de que uma ilustração de revista retratando um menino com o brinquedo aguçaria o interesse do leitor, mas não aumentaria as vendas. Então decidiu reproduzir a cena que despertara seu interesse: a América veria craques de ioiô filipinos em ação. Dirigiu-se aos bairros filipinos do sul da Califórnia e contratou dúzias de campeões locais para promover seu ioiô.

> Presidentes americanos também exibiram suas habilidades com o ioiô: Kennedy foi classificado como bom, Johnson e Nixon, como fracos.

Durante os anos 1930, grupos desses craques filipinos se apresentavam em frente a cinemas ou lojas de doces, encenando uma espécie de teatro de rua para as pessoas. Os garotos da cidade, hipnotizados com os truques apresentados, que desafiavam a gravidade, podiam adquirir um ioiô Duncan na doceira ou loja de refrescos mais próxima de suas casas.

Devido a essas apresentações, as vendas cresceram muito, mas Duncan queria uma maneira ainda mais eficiente de promover seu ioiô. E encontrou o mais perfeito e improvável dos aliados para atingir seu objetivo na figura de William Randolph Hearst. O magnata da imprensa concordou em veicular anúncios de competições do ioiô Duncan, desde que o garoto que quisesse competir vendesse três assinaturas de qualquer jornal da empresa Hearst. Uma das primeiras competições desse gênero ocorreu na Filadélfia em 1931 e resultou na impressionante venda de 3 milhões de ioiôs Duncan.

O MUNDO POR UM FIO

Ascensão, queda e ascensão

O ioiô fez sucesso até mesmo durante a Grande Depressão porque era barato, divertido e durava. Se a corda arrebentasse poderia ser substituída por menos de um centavo. Podia ser puxado como um cachorro sobre o asfalto ou o cimento, por horas a fio, sem se danificar. O retorno era excelente, cotejando os anos de uso constante e seu baixo preço.

A febre do ioiô continuou até o fim da Segunda Guerra Mundial, quando o brinquedo começou a perder seu apelo, pois a televisão passou a anunciar novos brinquedos para um público maior. Duncan só recuperou o nível de vendas quando começou a anunciar no novo veículo. As vendas dispararam, atingindo o seu maior pico, em 1963, com 33 milhões de unidades vendidas. Conforme os custos dos anúncios televisivos foram aumentando nos anos 1970 e 1980, a veiculação foi ficando proibitiva para o barato ioiô Duncan, pois provocava um forte corte nas margens de lucro. Sem a visão do brinquedo em ação, as vendas caíram para meras 500 mil unidades por ano.

> Donald Duncan também foi o inventor do parquímetro e criou o picolé Good Humour.

Indiretamente foi um dos líderes das telecomunicações, Ted Turner, quem ajudou a salvar o brinquedo. Propaganda em televisão a cabo, particularmente em programas dirigidos para o público infantil, custava um preço que Duncan podia pagar. Logo, comerciais de 30 segundos saturariam as estações de televisão a cabo, e as vendas do ioiô Duncan deslancharam novamente.

O MUNDO POR UM FIO

Ioiô *versus* Ioiô

A Duncan Toys sempre soube que sua propriedade sobre o nome Ioiô não era garantida, mas detendo 85% das vendas do mercado, ela virtualmente era dona da marca. Em 1965, no entanto, um tribunal federal de apelação em Chicago deu ganho de causa à Royal Tops Company contra a Duncan Toys, que queria usar o nome. Ioiô foi considerado um termo genérico para o brinquedo, significando que quem quisesse poderia usá-lo.

Para a roda voadora, o futuro é de plástico

Em 1957 a Flambeau Plastics Company de Baraboo, Wisconsin, fez o primeiro ioiô de plástico, com o mesmo formato e tamanho do famoso modelo original de madeira, o Duncan 77. A Flambeau adquiriu a Duncan Toys em 1968 e hoje fabrica aproximadamente 70 mil ioiôs por dia.

Os cientistas se referem ao ioiô como "energia cinética numa massa rotatória — uma roda voadora de brinquedo". Para garotos americanos, entretanto, o ioiô Duncan tem sido uma fonte de prazer e diversão, desde 1930.

3 HORA DA FESTA!
TUPPERWARE

Atrás de cada homem há uma mulher... com uma idéia melhor

Em 1939, Earl Tupper, um inventor autodidata, convencera a Du Pont a lhe vender um pouco de sobras de material sintético. Pegando uma massa de resíduos de polietileno mal-cheiroso, Tupper desenvolveu um novo processo de refinação que purificou a sobra e a transformou num plástico claro, flexível, inquebrável, atóxico, leve e fácil de limpar. Em 1947 ele começou a fabricar recipientes para alimentos feitos desse plástico, vendendo-os diretamente para as lojas. Um dia, em 1949, ele atendeu um telefonema da sua distribuidora do sul da Califórnia — Brownie Wise — reclamando que o atraso nas entregas estava atrapalhando o crescimento de seus negócios. Ele examinou as vendas dela, e admirado de ver que totalizavam a substancial quantia de US$ 1,5 mil por semana perguntou: "Qual é o segredo do seu sucesso?" A simples resposta — "Eu vendo os produtos no esquema reunião social" — mudaria radicalmente a maneira de a nação armazenar comida. Sua idéia iria fazer da *Tupperware* uma marca reconhecida em todos os lares americanos e de Earl Tupper um multimilionário.

> As primeiras criações de Earl Tupper, em cores claras e tons pastel, fazem parte do acervo permanente do Museu de Arte Moderna e do Museu Smithsonian.

HORA DA FESTA!

Plasticidade

No início, o plástico — derivado da palavra grega *plastikos*, que significa "moldar" — não era algo fácil de vender para os americanos, que estavam acostumados a usar objetos produzidos de madeira ou metal. Construtores de casas relutavam em comprar produtos feitos desse material sintético, com aspecto brilhante e frio ao toque. Até a citação de Logan Gourlay no *Dicionário Webster* (1976), reforçava a percepção de qualidade inferior, sintético, produzido em massa: "Essa é a era do plástico, a era do falso e da imitação".

A origem do plástico remonta ao século XIX, com a descoberta do celulóide, um material durável composto de nitrato de celulose plastificado com cânfora. Um dos problemas mais evidentes do celulóide é que ele é inflamável. O seu primeiro uso prático foi como puxador de superfícies planas; a baquelita, resistente ao fogo, seria o próximo aprimoramento. Mas a década de 1930 anunciou um renascimento das invenções de plástico com o lançamento do celofane, do náilon, do plexiglas e do poliestireno.

> Iatistas esnobes costumam se referir depreciativamente aos barcos de fibra de vidro, como a "frota Tupperware".

Toda arrumada e sem ter para onde ir

Durante a Segunda Guerra Mundial, Tupper continuou suas experiências criando diferentes recipientes, usando como material o plástico de seu processo de transformação e também mostrou ter um olhar aguçado para o design prático e estético. Para Tupper, a forma era conseqüência da função e cada um de seus recipientes se transformou numa maneira atraente e engenhosa de armazenar comida. No começo da década de 1950, a revista *House Beautiful* elogiou os produtos Tupperware

HORA DA FESTA!

chamando-os de "peças artísticas de 39 centavos". Os recipientes de cozinha Tupperware fabricados por meio de precisos moldes de injeção ofereciam ao consumidor mais uma vantagem: eram inquebráveis. Deixe-o cair e ele pulará; amasse-o e magicamente ele voltará à sua forma original. Apenas um aprimoramento escapava ao gênio de Tupper: fazer uma tampa que impedisse a entrada de ar. Na sua busca por uma solução ele examinou outros produtos e acabou copiando o sistema usado para fechar latas de tinta. Ele redesenhou a tampa da lata de tinta, fazendo uma vedação praticamente à prova de entrada de ar. Assim surgiu o famoso "assobio" Tupperware.

Earl Tupper sentiu ter chegado a hora de sua atraente e funcional linha de recipientes plásticos para armazenamento de alimentos "emplacar". Mas ele tinha de superar mais um obstáculo: ensinar ao consumidor-alvo a usar o seu produto.

Uma idéia brilhante

Ao mesmo tempo, em Detroit, Brownie Wise, a entusiasta do esquema "reunião social", estava ansiosa para fazer dinheiro. Mãe solteira, com uma enorme hipoteca e um filho doente, ela começara a trabalhar vendendo produtos Stanley Home e utensílios domésticos West Bend, utilizando o esquema reunião social, um formato de vendas concebido em 1920 para apresentar panelas de alumínio ao público. Quando um amigo lhe deu um Tupperware de presente, ela levou três dias para descobrir como fazer o recipiente "assobiar". Mas depois que conseguiu, acrescentou o Tupperware à sua linha de produtos. Ao se mudar para Miami, devido à saúde do filho, ela avisou Earl: "Encontrei um armazém para a Tupperware antes de escolher a minha casa".

Earl Tupper nomeou-a vice-presidente e gerente geral da empresa quando se deu conta de que a senhora Wise havia encontrado o melhor método de vender Tupperware para o consumidor. Foi um raro caso de

HORA DA FESTA!

empreendedor que encontra a sua perfeita "mão direita", cuja visão singular de vendas e marketing faz a empresa dar um salto da mediocridade para o lucro. Tupper, pessoa tímida que evitava se expor, reconheceu que essa determinada mulher era a pessoa certa para gerenciar as vendas, na forma singular de mulheres fazendo "demonstrações domésticas".

> Alguns representantes de vendas da Tupperware ganham mais de US$ 100 mil por ano.

A senhora Wise foi uma pioneira do marketing direto, desenvolvendo um sistema de treinamento para recrutamento, vendas e até mesmo de supervisão sistemática, que se tornou modelo para muitas outras companhias. Em Orlando, Flórida, ela supervisionou a construção de um edifício que serviu tanto de matriz como centro de treinamento da companhia. Depois, instituiu um esquema que reconhecia a importância, dava incentivos e estimulava a participação de donas-de-casa. Quando percebeu que muitas mulheres ambicionavam mais do que ser anfitriãs de festas, criou para elas postos de gerenciamento e distribuição.

Brownie Wise assumiu o cargo de gerente geral em 1951, quando a Tupperware tinha duzentos representantes independentes. Três anos depois, a rede de representantes cresceu para 9 mil. A sua confiança na Tupperware era baseada na simplicidade: "Se nós 'construirmos' as pessoas, elas irão construir a empresa".

> A Tupperware fatura mais de *US$ 1,5 bilhão* com vendas globais. Na Indonésia, as donas-de-casa participam de consórcios para conseguir um Tupperware cada uma por mês.

HORA DA FESTA!

As festas "T"[1]

O sucesso fenomenal do Tupperware nos anos 1950 só pode ser entendido com base nas mudanças sociais provocadas pela migração em massa dos americanos para os subúrbios[*]. Mulheres casadas viram-se morando em áreas residenciais novas, longe dos centros urbanos e sendo obrigadas a usar o carro para tudo: compras, levar filhos à escola,etc. Essas mulheres do subúrbio lamentavam a ausência de um sentido de comunidade mais forte.

A Tupperware entrou em cena nesses novos empreendimentos habitacionais. Brownie Wise e sua equipe encontraram o pretexto perfeito para que as mulheres se reunissem, enquanto as crianças estavam na escola. Os encontros da tarde — um misto de chá das cinco e muitas vendas — era cuidadosamente planejado para incluir jogos, promoções, prêmios e surpresas. Com duração de até duas horas, o formato de festa quebrava a resistência às vendas. O folheto da companhia apregoava esses eventos como "ocasiões inteiramente divertidas" onde uma dona-de-casa poderia combinar "uma visita de cortesia aos vizinhos com compras sem sair da poltrona".

O motivo principal do sucesso do Tupperware, entretanto, foi que seus recipientes preencheram um importante nicho de mercado. As modernas geladeiras elétricas geravam temperaturas bem baixas e ressecavam as comidas descobertas. As verduras murchavam e os queijos ficavam com cheiro estranho. O Tupperware, que vedava a entrada de ar, resolvia esses problemas de armazenamento de comida.

Earl Tupper também foi criativo nos nomes que colocou nos artigos. Os primeiros dois produtos foram chamados de Wonderlier Bowl e o Bell Tumbler (Tigela Maravilha e Copo de Sino). Depois, a companhia intro-

---

[1] De tão populares, as reuniões para venda de produtos Tupperware nos Estados Unidos ficaram conhecidas assim.
[*] Diferente da nossa realidade, nos Estados Unidos os subúrbios são sinônimos de zona afluente. (N.T.)

HORA DA FESTA!

duziu a Party Bowl, a Pie Taker e o Dip'n Serve (Tigela de Festa, Fôrma de Torta e Guarda-e-Serve Patê). As donas-de-casa prontamente adotaram os nomes. Nos encontros seguintes, as amigas encomendavam os artigos por seus nomes espalhafatosos.

> A cada três segundos, acontece um novo encontro da Tupperware em alguma parte do mundo.

O vácuo formado dentro do recipiente, pela tampa hermeticamente fechada, acabou criando um mito. Cartas para a companhia apregoavam as qualidades de conservação da tampa. Mergulhadores recuperaram recipientes de Tupperware com biscoitos quase tão frescos quanto no dia em que foram assados. Mas o prêmio de longevidade vai para uma senhora que armazenou coco ralado em seu freezer por 34 anos.

Earl sai de cena

Embora a população dos subúrbios dos Estados Unidos tenha triplicado em 1980, as vendas de Tupperware permaneceram estáveis, porque muitas mulheres agora trabalhavam meio-período ou o dia inteiro fora de casa; e outros recipientes de plástico semelhantes estavam disponíveis nas lojas de varejo.

Em vista disso, a Tupperware mudou sua estratégia, distribuindo catálogos por mala-direta. E seu faturamento é maior no exterior. Um futuro promissor prevê mercados como Índia e China.

Em 1958, Earl Tupper vendeu a companhia para a Rexall Drug por US$ 9 milhões. Nesse ano, a senhora Wise saiu da companhia. Tupper foi morar na Costa Rica e morreu em 1983. Nada mal para um sujeito que não cursou além do ensino médio e que criou, de acordo com o livro *American plastics — a cultural history*, "uma linha de produtos que, mais que qualquer outro desde o náilon", serviu para o plástico "dominar" os lares.

4 O PURIFICADOR DA NATUREZA
EX-LAX

Atenção: Kiss chegou!

Max Kiss emigrou da Hungria para os Estados Unidos em 1898. Trabalhou como aprendiz numa farmácia em Nova York e depois estudou na faculdade de farmácia da Columbia University, onde graduou-se em 1904. Voltando de uma viagem à Europa em 1905, Kiss soube que a fenolftaleína, um novo pó sem gosto fabricado pela Bayer, empresa alemã criadora da aspirina, estava sendo receitada como laxante. Apostando que haveria um grande futuro para os medicamentos vendidos diretamente no balcão da farmácia, Kiss se propôs a procurar uma formulação palatável para a fenolftaleína, a fim de atender a essa demanda. Depois de um ano tentando diversas fórmulas, combinando o pó laxativo com diferentes sabores, finalmente chegou a um tablete cor de chocolate de sabor agradável, até mesmo para crianças. Em seguida, procurou um nome de fácil memorização e resolveu combinar abreviações em inglês, sonoras e fáceis de lembrar, e escolheu: **Ex-Lax**.

> O primeiro nome escolhido por Kiss como marca para o Ex-Lax foi Bo-Bo.

Mantendo a regularidade

O ritual de manter a regularidade do funcionamento dos intestinos tem sido observado desde o início dos tempos. No decorrer dos séculos, as pessoas recorreram a remédios naturais para restaurar esse processo. Remédios antigos e fitoterápicos eram compostos de extratos de plantas para aliviar a constipação, e dois dos mais antigos eram infusões feitas com folhas de sene e de licopódio, este último um elemento encontrado em árvores perenes. Posteriormente, no século XVIII, o óleo de rí-

O PURIFICADOR DA NATUREZA

cino, substância bastante conhecida feita a partir de sementes de mamona, foi usado tanto como purgativo quanto como lubrificante. Certos minerais também mostraram propriedades que aliviavam o desconforto. Os mais conhecidos eram o óleo mineral, o citrato de magnésio e o leite de magnésia, feito a partir do hidróxido de magnésio. Esses purgativos derivados de plantas e minerais tinham um gosto horrível.

Mas a fenolftaleína, um derivado de composto cristalino, era insípido. O início foi curioso: vinicultores europeus misturavam o ingrediente nos seus vinhos para medir o nível de acidez. Quando os consumidores começaram a relatar um moderado efeito purgativo após a ingestão de vinho com o aditivo, a Bayer & Company começou a informar aos médicos a sua recém-descoberta propriedade laxativa.

> A Ex-Lax lançou uma *bebida com sabor de figo*, que foi rejeitada pelo mercado.

Até o limite e além

Kiss conseguiu suporte financeiro com Israel Matz, imigrante lituano que havia se tornado um bem-sucedido atacadista de remédios em Manhattan. Embora ambos fossem imigrantes europeus, haviam se americanizado o suficiente para compreender que as preferências desse novo país eram diferentes das do Velho Mundo. E o sabor em que o time formado por Matz e Kiss estava apostando era o de chocolate.

Montaram uma sociedade e abriram uma pequena fábrica no Brooklyn, Nova York, em 1906. A primeira embalagem de Ex-Lax foi desenhada com um fundo azul-escuro que realçava o logotipo branco com contornos azuis. No formato de tablete que facilitava o transporte para escola e trabalho, tornou-se um sucesso imediato. O sabor de chocolate também agradou muito às crianças.

O PURIFICADOR DA NATUREZA

O nome engenhoso também facilitou que as pessoas lembrassem do produto. Numa era de linguagem conservadora, o Ex-Lax era ligeiramente provocativo sem ser ofensivo. Kiss era um vendedor perfeito, visitando farmácias para apregoar as qualidades do prático tablete. O momento em que o produto foi criado também o favoreceu, pois naquela época os laxativos tinham uma fama, que posteriormente se mostrou injustificada, de resolver outros males além da constipação.

> O Ex-Lax vem sendo o laxativo campeão de vendas nos Estados Unidos desde 1926. O seu esforço promocional mais bem-sucedido foi uma distribuição gratuita de termômetros.

A publicidade o fez sair correndo

Nos vinte anos seguintes, os tabletes de Ex-Lax tornaram-se um remédio popular e eficaz vendido sem necessidade de receita. Kiss e Matz logo perceberam que "manter um funcionamento regular dos intestinos" havia se tornado uma obsessão americana e decidiram fazer publicidade. Em 1931, eles divulgavam o produto com o bordão: "A sua saúde depende disso!". Continuavam alertando o público de que "os tóxicos decorrentes de uma constipação são tão reais quanto o veneno colocado numa garrafa!". E terminavam assim: "Quando a natureza esquece, lembre-se de Ex-Lax".

> O Ex-Lax vende mais de 600 milhões de unidades anualmente.

Na campanha promocional seguinte, o Ex-Lax enfatizou a presença do composto fenolftaleína, alegando que a ação do produto era a que "mais se aproximava da maneira como a natureza movimenta os intestinos". Para reforçar esses benefícios pseudomedicinais, os anúncios do Ex-Lax mostravam uma radiografia "real" dos intestinos.

O PURIFICADOR DA NATUREZA

Matz e Kiss também foram vivos para definir seu público-alvo: na maioria dos lares era a mãe. Daí o slogan: "Pergunte à mamãe. Ela sabe!". E também ofereciam uma amostra grátis para qualquer pessoa que escrevesse para a empresa.

Quando a televisão se tornou o principal veículo de vendas, o tom da propaganda do Ex-Lax mudou. Os anúncios adotaram uma abordagem mais polida, com pessoas educadas mencionando que quando ficavam constipadas, usavam o Ex-Lax para obter alívio. A chamada era: "For regular people who sometimes aren't"* (Para pessoas normais, mas nem sempre regulares).

O fim

Em 1981, a companhia foi vendida para a Sandoz Pharmaceutical. Matz, destacado acadêmico de língua hebraica e pioneiro sionista, foi presidente da companhia por 42 anos até sua morte em 1967, aos 84 anos. Décadas mais tarde, o Ex-Lax ainda pode ser encontrado nas farmácias e nos armários de medicamento em todos os lugares.

---

* O trocadilho brinca com o termo *regular*, que se refere tanto à característica de normalidade quanto de regularidade, no caso, dos intestinos.

5 AMIGOS INSEPARÁVEIS
A COLA-TUDO ELMER'S

Intuição pegajosa

Gail Borden nasceu no norte do estado de Nova York em 1801. Aos 52 anos, já havia vivido grandes aventuras e tido inúmeras experiências profissionais: de agrimensor em Indiana e professor em Luisiânia, a editor de jornal no Texas. Mas acalentava o sonho de fazer algo útil. Sua primeira tentativa foi um biscoito de carne desidratada, um mantimento muito popular durante a corrida do ouro de 1849. O desenvolvimento do produto arruinou-o financeiramente, embora fosse agraciado com um título de sócio-honorário da London Society of Arts. Para receber a homenagem, viajou para a Inglaterra, onde conheceu a rainha Vitória. Na volta ficou profundamente perturbado, ao ver uma criança morrer nos braços da mãe depois de ter tomado leite de vaca contaminado. Era um homem extremamente religioso, que perdera a mulher e os filhos devido à febre amarela, e se emocionava com o sofrimento alheio. Prometeu a si mesmo que encontraria um substituto puro e saudável para o leite. Em 1853, concebeu uma maneira de desidratar o leite. Colocou o produto novo no mercado com o nome Eagle Brand Sweetened Condensed Milk (Leite Condensado e Adoçado da Marca Águia).

Borden estava fundando as bases da moderna indústria de laticínios. Depois de algum tempo, a companhia que portava seu nome viria a desenvolver e vender uma cola feita a partir de um subproduto do leite, cuja embalagem trazia a imagem de um touro, que se tornaria o símbolo da **Elmer's**.

AMIGOS INSEPARÁVEIS

Seguro

Com a assistência financeira de Jeremiah Milbank, conhecido banqueiro e atacadista de frutas e verduras, Borden mudou-se para o Leste. Sua empresa tornou-se uma sociedade anônima com o nome de New York Milk, em 1858. Quase vinte anos depois, a companhia começou a vender leite fresco, e boa parte do fornecimento vinha de fazendas do norte do estado de Nova York, a uma pequena distância do local onde seu fundador nasceu. Em 1888, a companhia Borden foi a primeira a vender leite em garrafas.

Sempre determinado a fazer do leite um produto totalmente seguro, Borden seguia os mais rigorosos padrões de higiene. Estava convencido de que, com cuidados

> Gail Borden foi um dos primeiros a tentar encontrar um processo para fazer café solúvel, já em 1838.

especiais de manejo na fazenda, poderia produzir uma grande variedade de subprodutos saudáveis e nutritivos do leite para famílias americanas. E graças em parte ao trabalho de Louis Pasteur na França, o sonho de Borden se tornou realidade.

O primeiro passo foi converter pequenos laticínios caseiros em fornecedores. O seguinte foi expandir sua linha de produtos para incluir sorvete, queijos e leite em pó. Sozinho, foi conseguindo a confiança dos consumidores nos fornecedores de leite nacionais.

O caso caseína

Em 1928, a Borden já havia se tornado uma conhecida e respeitada empresa de laticínios americana, vendendo para todo o país seus produtos. Mas a empresa queria entrar no ramo de produtos não-

AMIGOS INSEPARÁVEIS

alimentares. Em 1929, adquiriu a Caseina Company of America, principal fabricante de cola derivada de caseína, um subproduto do leite.

Depois da Segunda Guerra Mundial, a nova Divisão Química de Borden começou a vender uma cola chamada Cascorez. Mas as vendas desse produto de nome estranho eram desanimadoras, e Borden decidiu encontrar um nome mais palatável para o consumidor.

Inicialmente a Divisão Química planejava mudar o nome do produto para Cola Elsie's, adotando o nome de uma vaca muito popular da empresa. Mas a idéia de uma dama bovina, embora adorável, representar um produto não-alimentar indignou a Divisão de Alimentos. Chegou-se a um acordo com a escolha de Elmer, marido de Elsie desde 1951, para "porta-voz taurino" da cola.

A Elmer's era um produto adesivo multiuso que colava praticamente tudo — papel, madeira, couro, louça, e quase todos os metais. Mas o verdadeiro ponto forte para impulsionar vendas era o fato de a Elmer's ser atóxica e segura para as crianças, além de ser facilmente lavável. Vendida numa prática embalagem de apertar, a Cola-Tudo Elmer's se tornou a campeã de vendas de colas nos Estados Unidos. O seu sucesso levou a Divisão Química a lançar uma linha inteira de produtos com o nome Elmer (hoje totalizando 150 itens).

> A caseína, fosfoproteína do leite, era responsável pela aparência esbranquiçada da cola Elmer's. Isto explica o primeiro nome dado ao produto: Cascorez; felizmente a companhia o mudou.

Biografias bovinas

Na década de 1930, Borden começou a usar o desenho animado de uma simpática novilha chamada Elsie, como "porta-voz bovina" para a sua divisão de laticínios. Na Feira Mundial de Flushing

AMIGOS INSEPARÁVEIS

Meadow, Nova York, a principal atração do estande da Borden foi Elsie, a primeira vaca de verdade que muitas crianças da cidade viram na vida. Seu estábulo estava decorado como uma sala de vestir de uma dama, repleto de roupas e acessórios femininos.

A fama de Elsie logo chegou até Hollywood, onde lhe ofereceram um papel para co-estrelar um filme da RKO chamado *Little Men*, com Jack Oakie e Kay Francis. Mas Elsie era uma moça de família e os funcionários da Borden estavam preocupados com sua saúde. Para acalmá-los, a RKO providenciou um vagão privativo, um vaqueiro e um veterinário, para acompanhar a vaca prenhe, na sua jornada de trem transcontinental.

> Borden popularizou sua filosofia de empresa de laticínios higiênica nos "Dez Mandamentos do Trabalhador em Laticínos", que mais tarde seriam a base das regras de produção leiteira do Ministério da Saúde moderno.

Substituir a Elsie na Feira Mundial na época em que ela estava em Hollywood mostrou-se um dilema semelhante ao enfrentado pelos produtores da Broadway, quando tinham de substituir a famosa estrela feminina, de um monólogo. Se colocassem uma vaca substituta que frustrasse a platéia, a empresa se veria às voltas com uma queda de público. Por outro lado, se outra vaca se mostrasse mais popular que a estrela, a popularidade de Elsie cairia. A solução da Borden, como se viu, foi substituir Elsie por um touro.

Da noite para o dia, o camarim de Elsie transformou-se num apartamento de solteiro. As bijuterias e os balangandãs femininos foram retirados, e chegaram exemplares de *Esquire*, *The Police Gazette*. Cuecas vermelhas jaziam sobre um retrato da família e uma toalha úmida ficava dependurada sobre uma cama de quatro colunas. Outros adereços espalhados sugeriam que o habitante havia desfrutado algumas noitadas de pôquer. Seu nome era Elmer. (O nome completo de Elmer no seu pedigree era *Sybil's Dreaming Royalist*.)

AMIGOS INSEPARÁVEIS

A saída do leiteiro

A cola Elmer's provavelmente não teria sido inventada se Gail Borden não tivesse se emocionado com as crianças que sofriam por tomar leite estragado. Com o tempo a companhia Borden iria se tornar uma das empresas de alimentação mais confiáveis do país. O seu slogan de propaganda — "Se é Borden, é bom" — apregoava a qualidade e confiabilidade dos seus produtos laticínios.

Em 1870, aos 69 anos, Gail Borden se aposentou, passando o controle da empresa para seus filhos John e Henry Lee. Com a saúde debilitada, Borden se preparou para a morte. No cemitério de Woodlawn, no norte de Manhattan, mandou instalar um grande latão de leite em granito aos pés de um outeiro frondoso, plantado no topo de uma colina, com instruções para que o latão fosse removido no seu enterro.

> Hoje os adolescentes tomam menos leite e os adultos consomem menos sorvete, e a empresa de laticínios de Borden não está indo muito bem. Mas, as colas, impermeabilizantes e adesivos, da divisão não-alimentar do grupo, faturaram mais de US$ 2 bilhões em 1996.

Ele fez uma última visita ao Texas, para recomeçar o negócio de biscoito de carne, que havia sido um fracasso no passado. Com o passar do tempo essa fábrica deu origem a uma cidadezinha chamada Borden. Quando Gail Borden morreu, em 1874, seu corpo foi enviado para Woodlawn e o latão de leite retirado. Em seu lugar, uma lápide simples traz a inscrição: "Eu tentei e fracassei. Eu tentei de novo e de novo, e fui bem-sucedido".

6 SEXO SEGURO
CAMISINHAS TROJAN

A paixão de Young

Em 1924, Merrill Young, presidente da Companhia de Borrachas Young da cidade de Nova York, decidiu distribuir e vender uma camisinha de látex feita por uma pequena empresa de Akron, Ohio. Mas Young teve de superar uma barreira formidável: não se podiam vender contraceptivos além das fronteiras estatais, pois dispositivos contraceptivos eram proibidos por lei federal. Ele encontrou uma saída brilhante: colocá-los no mercado com a finalidade de prevenir doenças, só podendo ser adquiridos por intermédio de médicos ou farmacêuticos. A **Trojan Condoms** de Young posteriormente se tornaria o pivô de uma decisão da Suprema Corte que garantiu o direito de acesso a produtos de controle da natalidade, modificando irreversivelmente os costumes sexuais do país.

> Em 1996 foram vendidos mais de 500 milhões de camisinhas.

História da camisinha

Embora a origem da primeira camisinha esteja envolta em mistério, acredita-se que tenha surgido no Egito. Algumas teorias afirmam que as primeiras camisinhas eram usadas na prática de rituais religiosos. "Borrachas" primitivas eram elaboradas a partir de membranas animais, tais como os intestinos de carneiro, apreciados por sua flexibilidade e espessura fina.

A postura com relação à prevenção de doenças mudou significativamente depois de 1492, quando os marinheiros de Colombo voltaram para a Espanha com uma praga do Novo Mundo — a sífilis. Já em 1493 a

SEXO SEGURO

doença havia se espalhado, via prostituição, aos exércitos do rei Carlos VIII da França e, após a conquista de Nápoles, para a Itália. Isto explica por que, dependendo de quem você pretenda insultar, ela também é conhecida como mal-napolitano, ou mal-francês.

A devastação causada pela sífilis nas populações européias, nos séculos seguintes, levou à necessidade de um preservativo que pudesse ser produzido em massa. Coube ao famoso anatomista italiano do século XVI, Gabriello Fallopius, a invenção de um envoltório de linho. No começo do século XIX, o processo de vulcanização contribuiu para a fabricação de preservativos de borracha, que custavam muito menos que os feitos de membranas animais.

Na metade do século XIX, a vulcanização oferecia uma maneira confiável e barata para a prevenção de doenças venéreas. Mas sérios obstáculos começavam a surgir. Durante séculos a religião havia pregado que o relacionamento sexual deveria servir apenas para procriar e não para o prazer. Muitos grupos religiosos viam como escandalosa a facilidade de aquisição de dispositivos contraceptivos, que eles acreditavam encorajar o comportamento hedonista.

> A autoridade governamental que controla remédios e alimentos nos Estados Unidos testa, ao acaso, lotes de camisinhas, e, se mais de quatro em cada mil vazarem, o lote todo é destruído. A última proibição de venda de camisinhas deu-se em 1965, no estado de Connecticut.

O controle de natalidade atinge a maioridade

A história do movimento pelo controle da natalidade começou com a publicação de um panfleto de autoria do americano Charles Knowland e intitulava-se: *Os frutos da filosofia*. Esse tratado detalhava a necessidade de contracepção como meio eficaz de controle populacional.

$EXO $EGURO

Nos Estados Unidos, Margaret Sanger seria presa no Brooklyn em 1916 por abrir uma clínica de controle da natalidade que distribuía diafragmas para as mulheres. Seu esforço pioneiro levaria à formação da Liga Nacional de Controle da Natalidade e, a seguir, à da Paternidade Planejada.

A estrutura conservadora da sociedade americana tentou tornar ilegal a veiculação de informações sobre controle da natalidade, até mesmo sua simples menção. A censura chegou ao auge com a aprovação da Lei Comstock em 1873, que obrigava o correio dos Estados Unidos a eliminar a correspondência que contivesse material obsceno. H.L. Menken lamentou que devido à lei agora "se corria um risco ao escrever palavras em inglês anteriormente consideradas decentes". Uma dessas palavras decentes agora contestada era "contracepção".

> O rei Carlos II da Inglaterra, conhecido como o "Monarca alegre", por seus muitos flertes, pediu a um conselheiro da corte que encontrasse um método para prevenir doenças venéreas. O conselheiro, duque de Condom, fez um invólucro de intestino de carneiro. Esta é a origem do nome inglês da camisinha: *condom*.

O defensor dos preservativos oferece ao farmacêutico um negócio justo

Merril Young estava tão impressionado com a resistência dos preservativos de látex que adquiriu os direitos de manufaturá-los usando o processo de imersão dupla da Companhia de Borracha Goodyear. Em 1926, registrou a marca Trojan no Escritório de Patentes dos Estados Unidos.

Estava ciente de que mesmo vender contraceptivos por razões de saúde, para prevenir doenças, teria forte vigilância dos adeptos da "Comstockery" (uma palavra cunhada por Bernard Shaw que sugere ser a lei

SEXO SEGURO

Comstock uma bobagem). Assim, promoveu vigorosas campanhas legislativas em estados que, apesar de uma legislação complacente com a venda de dispositivos contraceptivos, dificultavam seu comércio em farmácias.

A Young Rubber se tornou a empresa de artigos profiláticos de borracha mais conhecida da América (a palavra contraceptivo nunca era mencionada). Em 1927 surgiram problemas: a empresa C.I. Lee, de Chicago, começou a vender profiláticos usando também a marca Trojan. Young processou-a no tribunal federal por uso indevido de marca registrada. Os advogados da Lee argumentaram que como a venda de contraceptivos era proibida além das fronteiras dos estados pela Lei Comstock, a marca registrada de Young era inválida fora do estado de Nova York. O tribunal da corte distrital decidiu em favor da Companhia Lee.

O recurso de Young representou um marco em favor do controle de natalidade. O juiz do Tribunal de Apelação dos Estados Unidos, Thomas Swan, sentenciou que a venda de camisinhas por motivos de saúde era legal, de acordo com os dispositivos da legislação federal, e portanto não violava a Lei Comstock. Além disso, o tribunal decidiu que médicos poderiam receitar camisinhas para prevenção de doenças ou promoção de saúde e esclarecer o paciente a respeito de controle de natalidade. Young colheu um bônus duplo: ele reteve a exclusividade da marca registrada e recebeu um reforço inesperado dos defensores de controle da natalidade e contracepção.

> Carteiras de dinheiro não são um bom lugar para guardar camisinhas que necessitam de um local fresco e seco a uma temperatura de 18 a 26°C para serem duráveis.

Em 1933, Young fez uma pesquisa entre farmacêuticos para saber se as camisinhas Trojan deveriam ser anunciadas nacionalmente. Isso chamou muita atenção, gerando cobertura jornalística em nível nacional, enquanto o país esperava o resultado. O resultado, amplamente divulgado, foi um

SEXO SEGURO

estrondoso "Não!". Um anúncio da Trojan que veio a seguir dizia o seguinte: "...esse tipo de propaganda é... estúpido do ponto de vista econômico, indecente do ponto de vista ético e contrário à opinião pública nacional conforme expresso por pessoas pensantes em todos os cantos do país".

A guerra de Trojan

Na Segunda Guerra Mundial, camisinhas Trojan eram distribuídas gratuitamente a todos os soldados. Algumas organizações reclamaram que a distribuição gratuita encorajava a tropa a ter relações sexuais sem casamento.

A despeito de certas inovações no produto, como a pele de carneiro reforçada, a aderência e a lubrificação, as vendas das camisinhas Trojan caíram 50% entre os anos de 1976 e 1986. Foram dois os motivos: a popularização de outras formas de controle da natalidade mais modernas — pílula, diafragma, espermicida e DIU — e o sucesso dos antibióticos no tratamento de doenças venéreas.

A alta disseminação da AIDS fez as vendas de camisinhas se recuperarem e até ultrapassarem os volumes anteriormente vendidos. De acordo com a dra. Joyce Wallace, diretora da *Foundation for Research of Sexually Transmitted Diseases* em Nova York, que distribui camisinhas gratuitamente aos transeuntes de Manhattan, a incidência de HIV caiu de 37% em 1989 para 23% em 1995 entre prostitutas que usavam camisinhas regularmente.

A AIDS reavivou o uso de camisinhas — como prevenção de doenças. Hoje, camisinhas podem ser encontradas em lojas de alimentos, restaurantes, cinemas e são obtidas facilmente por reembolso postal. E o crédito todo vai para Merril Young, que conseguiu levar a camisinha da gaveta secreta do farmacêutico para o criado-mudo do quarto.

7 O VERMELHÃO
KETCHUP HEINZ

A intuição de Heinz

Em 1869, Henry John Heinz era o mais famoso produtor de raiz-forte no leste da Pensilvânia, porque vendia seu produto num frasco de vidro transparente, enquanto os concorrentes embalavam seus produtos em potes de vidro verde opaco. Mas H.J. continuou pesquisando outros molhos picantes, que tornassem um pouco mais palatável a terrível dieta americana do século XIX, que consistia de salada, batatas e carne salgada ou desidratada. Acreditava que conseguiria comercializar em massa o *ketchup* e começou a fazer experimentos com tomates da melhor qualidade, adicionando açúcar, sal, especiarias e adoçantes, até encontrar a melhor mistura. Em seguida embalou esse molho de tomate denso numa garrafa de vidro transparente de formato octogonal e gargalo estreito, e lançou publicamente o **Ketchup Heinz**.

> Há aproximadamente 25 tomates em um frasco de 400 gramas de ketchup.

Histórico

Muitos estudiosos de culinária acreditam que o ketchup foi trazido por marinheiros chineses em 1690, quando era chamado de *ke-tsiap*. Quando marinheiros europeus deram a volta ao globo e retornaram do Oriente com especiarias, ervas e pratos estrangeiros exóticos, um dos preparados que se tornou mais popular, foi uma pasta de peixe em conserva encontrada na Malásia e em Cingapura. O nome do prato soava aos ouvidos ocidentais como *kechap*.

O VERMELHÃO

No século XIX, os ingleses mantiveram a base de peixe e salmoura e acrescentaram cogumelos, anchovas, limões e pepinos, e também anglicalizaram a pronúncia acrescentando o "t". Catsup e ketchup são grafias diferentes da mesma palavra, mas a segunda acabou prevalecendo. A nova combinação logo se tornou uma preferência nacional, um condimento obrigatório em cada despensa inglesa. Charles Dickens escreveu sobre ele exaltando o seu sabor, quando o personagem que dá o título do seu romance *Barnaby Rudge* comeu com prazer "costeletas de carneiro guarnecidas com uma generosa quantia de ketchup". Lord Byron elogiou profusamente o molho picante e saboroso em seu poema "Beppo".

O momento fundamental de difusão do ketchup nos Estados Unidos deu-se quando capitães de navios do Maine misturaram o molho de peixe oriental recém-descoberto, com os tomates do Novo Mundo — as "maçãs do amor" do México e da América Central espanhola. Alguns empreendedores do Maine começaram a plantar sementes de tomate ao redor da Enseada de Portland e do Cabo Elizabeth. Engarrafavam o molho de tomate e o utilizavam o ano todo, colocando-o sobre bolinhos de bacalhau, feijão e todos os tipos de carne.

O novo molho se popularizou nos Estados Unidos em 1792, quando Richard Briggs, editor da Filadélfia, publicou *A nova arte culinária*, com uma receita de ketchup. Isabella Beaton, especialista em culinária, elogiou o sabor excepcional do ketchup de tomate refogado feito em casa, no seu *O livro da administração doméstica*, publicado em 1861.

Quando H.J. Heinz apresentou seu ketchup de tomate em 1876, as mulheres americanas optaram pela conveniência do molho de tomates engarrafado, que as livrara de um dia inteiro mexendo a panela de ferro. Um escritor elogiou as virtudes do ketchup engarrafado de H.J. como um "abençoado alívio para a mamãe".

O ketchup não foi o primeiro sucesso de H.J; antes ele já vendia com sucesso raiz-forte, picles, chucrute e vinagre. O novo e popular molho

O VERMELHÃO

de tomate divulgou a marca Heinz para mais pessoas. Logo, a empresa de Pittsburgh estava comercializando outros produtos típicos americanos como mostarda, sopa de tomate, feijão e finalmente, o primeiro picles adocicado vendido nacionalmente. (Hoje em dia, o executivo da Heinz que completar 25 anos na empresa, ganha um prendedor de gravata em ouro, na forma de picles.)

> Os americanos consomem mais de 1 bilhão de frascos de ketchup Heinz por ano.

Picles para Piccalilli

H. J. Heinz é unanimemente considerado o gênio nacional da comida industrializada. No final da década de 1880 ele deu os passos iniciais que iriam dar forma à moderna indústria alimentícia, que movimenta trilhões de dólares. Ele imaginou que toda dona-de-casa estaria disposta a pagar por algo que lhe reduzisse significativamente o tempo gasto na cozinha.

Em 1886 ele viajou a Londres, levando consigo sete produtos que foram aceitos pela casa Fortnum & Mason, a principal fornecedora de comidas finas do Reino Unido. Heinz exportou para eles até 1919, quando a primeira fábrica do Reino Unido foi construída. O sucesso de suas sopas, do feijão cozido e molho pronto para saladas fez muitos britânicos acreditarem que a Heinz sempre fora uma instituição britânica que exportava produtos para os Estados Unidos.

No século XX, Heinz estava presente em praticamente todos os lares americanos, graças à diversidade de sua linha, que trazia no rótulo a inconfundível marca da pedra angular da Pensilvânia. Uma das iniciativas mais inteligentes da companhia foi acrescentar feijão cozido *kosher* à sua linha de produtos, atraindo as famílias de origem judaica do nordeste do país.

O VERMELHÃO

O navio "lento" para a China

Em meados dos anos de 1960 a concorrência encostou no Ketchup Heinz, que lutava pela participação no mercado com a Hunt e a Del Monte; todas as três detinham 25% do mercado. Os executivos da Heinz tomaram três medidas radicais para superar a concorrência: o preço especial de varejo foi abaixado; lançaram a primeira embalagem de ketchup de tamanho grande (560 gramas); e Doyle Dane Bernbach, a agência de publicidade mais criativa da época, foi contratada para a campanha promocional.

> O número 57 Variedades nos produtos Heinz foi concebido por H.J. Heinz, que disse que isto não significava nada, pois a empresa fazia muito mais do que 57 produtos. Ele o escolheu simplesmente porque parecia fácil de lembrar.

Numa visita à fábrica da Heinz, o diretor de arte da agência viu um técnico fazer um teste de viscosidade, pondo dois ketchups lado a lado e medindo a velocidade do fluxo. Conforme ele via o ketchup Heinz escorrer vagarosamente como uma geleira e o da outra marca jorrar como água, ele teve a idéia de filmar a comparação. O resultado foi um sucesso imediato. Os anúncios seguintes mostravam a Heinz "perdendo a corrida" ou sendo o "pistoleiro mais lento" do Oeste, em um famoso quadro congelado no comercial que satirizava o filme *High Noon* (*Matar ou morrer*).

Como resultado dessas três estratégias, a Heinz conquistou mais de 50% dos US$ 1 bilhão de dólares do mercado de ketchup, dobrando sua participação. Ele havia levado o padrão de qualidade do ketchup a um nível que nenhum outro concorrente poderia alcançar.

Nas décadas de 1970 e 1980, a proliferação das cadeias de hambúrguer e *fast-food* trouxe as embalagens individuais em papel-alumínio de ketchup Heinz para milhões de consumidores diariamente. Hoje em dia a

O VERMELHÃO

Heinz está presente em quatro de cada cinco restaurantes dos Estados Unidos. Mesmo estabelecimentos luxuosos, como o 21 Club, servem a garrafa da Heinz.

O suculento molho de tomate que H.J. Heinz lançou em 1876 tornou-se a segunda garrafa mais conhecida da América (a Coca-Cola é a número um). E, fechando o ciclo, a abertura de cadeias de *fast-food* na China trouxe de volta o *Ke-tsiap* para o país depois de 300 anos; embalado, porém, com a marca do ketchup Heinz.

> Em 1941, com a finalidade de promover as 57 Variedades Heinz, a empresa ofereceu um prêmio de US$ 25 mil em dinheiro a Joe Dimaggio, se ele conseguisse que a sua série de pontos ininterruptos atingisse o número 57. Felizmente para a Heinz, a série foi interrompida no número 56 graças à agilidade da luva de Ken Keltner.

8 NÃO ERRE
LIQUID PAPER

O jeitinho de ela errar

Em 1951, Bette Nesmith aguardava seu primeiro dia de trabalho como secretária, com o coração acelerado de ansiedade. Aos 27 anos, divorciada e com um filho de 9 anos, ela aperfeiçoara sua datilografia em máquinas de escrever manuais. Mas agora, pela primeira vez na vida, iria enfrentar uma máquina de escrever elétrica. Ela via horrorizada como o mais leve toque cuspia letras pelo papel. Os erros de datilografia do papel-carbono não saíam com a borracha. Com medo de perder o emprego, ela pôs um pouco de tinta branca à base de água em um pequeno frasco de esmalte de unhas. No dia seguinte ela levou o frasco ao escritório e cobriu de tinta os erros: **Liquid paper**.

> O nome original do Liquid Paper era Mistake Out (tira-erro).

Departamento de lágrimas e trabalho pesado

A história do trabalho em escritórios nos Estados Unidos é uma longa crônica de mulheres relegadas a funções de secretárias, cuja tarefa principal era datilografar cartas comerciais. Por muitas décadas antes dos movimentos feministas dos anos 1960, a mulher no escritório era confinada ao equivalente a um gueto sexual, chamado de departamento de datilografia ou de estenografia.

Exigia-se que as secretárias datilografassem cartas e documentos apresentáveis e sem erros em papel de qualidade inferior. A datilografia era uma habilidade manual regida por rapidez e eficiência. Para simplesmente se candidatar a um emprego, a mulher tinha de passar inicialmente por um

NÃO ERRE

teste de datilografia, no qual a pontuação dependia de quantas palavras ela conseguia datilografar num curto espaço de tempo, descontando-se o número de erros cometidos. Era irrelevante se a mulher tivesse se formado com louvor em Smith ou Wellesley. A primeira pergunta que qualquer gerente de departamento pessoal fazia era: "Com que velocidade você datilografa?".

Para gerações de mulheres, o medo de cometer muitos erros de datilografia pendia como a Espada de Dâmocles, atrapalhando sua promoção e os aumentos de salário. Não é surpreendente que fosse uma mulher a responsável pela libertação de outras mulheres nos departamentos de datilografia.

> O filho de Nesmith, Mike, foi integrante de *The Monkees*, um show de enorme sucesso na TV nos anos 1960.

Sofrimentos e atribulações

Durante os cinco anos seguintes, Nesmith dependia cada vez mais de seu pequeno frasco de tinta. "Como eu estava corrigindo meus próprios erros, não fazia estardalhaço", ela disse. Quando deixou o emprego no banco e foi para outro emprego de secretária, seu novo patrão estranhou seu método de "cobrir de branco". Suas colegas de trabalho notaram o pequeno frasco de Nesmith e pediram um pouco emprestado. Ela passou a aceitar alguns pedidos e de início rotulou o produto como "Tira-Erros". Alguns amigos e um fornecedor de produtos para escritório encorajaram-na a comercializar o produto na região. Antes de fazê-lo, ela mudou o nome para Liquid Paper, que ela considerava uma marca comercial melhor, e também começou a fazer testes para aprimorar a fórmula.

Em 1957, convencida de que o Liquid Paper estava pronto, ela fez uma proposta à IBM, esperando atrair o interesse da Big Blue em sua comercialização. Ela anexou duas cartas como amostra: a primeira, feita em

NÃO ERRE

15 minutos, na qual foi usada borracha para fazer correções; e a segunda, feita em apenas 2,5 minutos usando Liquid Paper. Mas a IBM não se convenceu e exigiu que a fórmula fosse aperfeiçoada.

Usando sua garagem e sua cozinha pequenas, Nesmith continuou a produzir o Liquid Paper, enchendo os frascos um a um com a ajuda do filho adolescente e de seus amigos. No final de 1957 ela estava vendendo apenas cem frascos por mês.

O sonho de uma secretária se torna realidade

A grande chance veio em 1958, quando a publicação voltada para o comércio *Office* listou o "fluido de correção de papel" como um dos novos produtos do mês. A informação estava espremida entre as descrições de 50 outros novos produtos. Não obstante, 500 leitores da revista pediram mais informações. Uma das secretárias que escreveu cometeu dois erros na primeira sentença e brincou, "Como vocês podem ver, eu poderia ter usado Liquid Paper nesta carta".

Nesmith trabalhava bastante para atender os pedidos, mas nunca abandonou seu emprego. Ela varava noites e madrugadas, preparando e embalando os pedidos. Finalmente, ela foi despedida por ter escrito uma carta e tê-la assinado com o nome de sua própria empresa. Agora ela estava por conta própria, dona de uma companhia minúscula, cujo faturamento anual era de míseros US$ 1.100.

> A revista *Secretary* saudou o Liquid Paper como "a resposta às preces de toda secretária".

NÃO ERRE

Em 1962, ela teve de contratar trabalhadores de meio-período, pois os pedidos começavam a aumentar. Uma vizinha, Judy Canap, foi contratada para encher os frascos usando bisnagas de plástico flexível, recebendo 4 centavos de dólar por frasco. Inicialmente, sua produção semanal era de 500 frascos, mas depois que o marido passou a ajudá-la, o total cresceu para 5 mil frascos, exatamente o necessário para atender os pedidos de Nesmith!

Em 1964 Nesmith se casa com Bob Graham, que logo se torna seu braço direito, e ela dá início à comercialização do seu produto fora do Texas. Em 1966, a Liquid Paper tinha se transferido para instalações modernas, e produzia 9 mil frascos por semana.

> A *Gillette* pagou US$ 48 milhões pela companhia em 1979, quando ela gerava um faturamento de US$ 38 milhões, em vendas anuais.

Decolando

Em 1965, o pequeno número de funcionários foi acomodado em um contêiner metálico colocado atrás da casa de Graham, numa área deserta na periferia de Dallas. Dan Canap lembra: "Quando os motoristas de caminhão estacionavam, pensavam que nosso negócio era vender contêineres metálicos para obras".

Frascos de Liquid Paper começaram a aparecer em todos os pontos de venda de suprimentos de escritório e material de papelaria. A propaganda boca-a-boca contribuiu para o seu sucesso, mas o fator responsável pela ascensão meteórica das vendas foi sua visibilidade nas escrivaninhas de secretárias de todo o país.

Posteriormente, quando o faturamento atingiu o primeiro US$ 1 milhão, Nesmith contratou experimentados especialistas das áreas de vendas, marketing e finanças. Em seguida, a matriz se mudou para um edifício

NÃO ERRE

novo, onde uma linha de produção totalmente automatizada enchia 60 frascos de Liquid Paper por minuto.

Nesmith sai de campo

Uma indústria de fundo de quintal tornou-se uma companhia de US$ 35 milhões, instalada num reluzente edifício de vidro. Em 1976, quando 25 milhões de frascos eram vendidos em todo o mundo, não paravam de surgir interessados no negócio. O comprador acabaria sendo a Gillette, que adquiriu a companhia em 1979.

Nesmith morreu em 1980, aos 56 anos, deixando uma fortuna de US$ 50 milhões, metade da qual foi para seu filho e metade para instituições filantrópicas. Uma mulher cansada dos ineficientes e trabalhosos métodos de corrigir erros conseguiu acabar com o pesadelo das secretárias, com um pequeno frasco de fluido corretivo chamado Liquid Paper.

9 BANHEIRO DO BICHANO
KITTY LITTER

Uma argila modelo

Depois de ter servido na Marinha durante a Segunda Guerra Mundial, Edward Lowe voltou para casa para administrar a empresa familiar, produtora de serragem, situada no sul de Michigan. A serragem, usada como absorvente de óleos e graxas, era altamente inflamável. Para reduzir o risco de incêndio, Lowe substituiu a serragem por um material menos perigoso para absorver derramamentos nos pisos das fábricas: argila. Em 1947, uma cliente queixou-se de que a caixa de areia do seu gato havia congelado. Ela pediu um pouco de serragem, mas Lowe sugeriu que ela experimentasse substituir a serragem pela argila. Alguns dias depois ela voltou para buscar um pouco mais da mistura, pois seu bichano havia adorado. Tendo uma súbita inspiração, Lowe embalou dez pacotes de 2,5 quilos de grânulos de argila e, num lance de gênio, escreveu à mão nos sacos: **Kitty Litter** (lixeira do gatinho).

> Existem 63 milhões de gatos nos lares americanos e 54 milhões de cães. Os gatos não eram animais de estimação tão populares antes do advento do Kitty Litter.

Tudo sobre gatos

Os gatos eram adorados como deuses pelos antigos egípcios e foram domesticados — embora nem sempre tenham vivido em lares com humanos — há 5 mil anos. Não era a natureza independente do felino que os deixava ao relento, no frio; era o mau cheiro da sua urina altamente concentrada.

BANHEIRO DO BICHANO

Por séculos, os gatos conviveram de maneira problemática com os humanos. Eles eram reverenciados por matarem os pequenos animais daninhos no imóvel, mas raramente eram convidados para compartilhar a casa e o coração do dono. Enquanto o simpático e treinável cão aprendia a fazer suas necessidades fora de casa, os gatos eram bem reticentes a mudanças de comportamento.

O principal negócio de Lowe

Desde o início, Lowe intuiu que tinha em mãos um produto "quente" e saía para visitar lojas de animais das redondezas, levando o produto para vender no porta-malas do seu carro.

Depois do sucesso inicial, Lowe começou a viajar pelo país para visitar lojas de animais e exposições de gatos. Quando ele demonstrava como o Kitty Litter era funcional e higiênico, os amantes de gatos ficavam encantados. Como missionários zelosos, os convertidos convenciam os incrédulos a tentar o Kitty Litter em casa. Logo, qualquer pessoa que tivesse um gato em casa não podia deixar de ter o produto de Lowe.

De 1947 a 1952, Lowe figurava nos pacotes do produto com um rosto sorridente e os vendia, principalmente, para lojas de animais domésticos, sob o nome de Kitty Litter. Os primeiros pacotes proclamavam: "Ele absorve. Desodoriza. Substitui a areia". Em 1958 Lowe adquiriu uma fábrica de argila em Olmstead, Illinois, que produziu 91 toneladas no primeiro ano, 1.700 toneladas no segundo ano e mais de 10 mil toneladas em 1960.

> Lowe ficou tão rico com o sucesso do Kitty Litter que comprou 22 casas, um iate de 72 pés, um haras, uma ferrovia particular e *uma cidade em Michigan!*

BANHEIRO DO BICHANO

O crescimento do novo mercado

Os gatos foram se popularizando como animais domésticos, estimulando o crescimento de artigos direcionados a gatos nas lojas de animais. Antes do Kitty Litter, o negócio de animais domésticos era dominado por produtos para cães, pássaros e peixes. Poucas marcas de comida ou brinquedos para gatos eram comercializados. Mas, com milhões de gatos sendo calorosamente acolhidos nos lares, o negócio de suprimentos para animais domésticos explodiu.

Lowe sabia que donos de gatos tendiam a ser tão manhosos quanto seus animais quando se tratava de comprar produtos para limpeza, e queria garantir que sua empresa estaria sempre um passo à frente da concorrência no que dizia respeito à prevenção do mau cheiro e inovações de granulados sanitários.

> A idéia inicial de Lowe era usar sua mistura de granulados de argila como material ideal para galinhas chocadeiras.

Mire-se em Lowe

Edward Lowe era um tipo tagarela que gastava o que ganhava, boa parte consigo mesmo. Foi uma criança pobre, da época da Depressão, e ele e sua família queimavam sabugos de milho para se aquecer, vivendo numa edícula. Talvez para compensar as privações da infância, ele comprava tudo o que tinha vontade.

> Os granulados sanitários para gatos têm vendas no varejo superiores a US$ 800 milhões.

BANHEIRO DO BICHANO

Mas o custo dos exageros ficou caro para Lowe e sua família. Em 1984 ele despediu seus quatro filhos e três genros acreditando que eles estavam conspirando para assumir o controle da Lowe Industries. Os filhos e seus cônjuges atribuíram as variações bruscas de comportamento ao abuso de álcool. Quando suas filhas começaram a freqüentar os Alcoólicos Anônimos (Alanon), Lowe disse que isto era uma artimanha para destituí-lo do poder.

Seja como for, em 1985 ele decidiu ajudar pequenos empreendedores, criando a Fundação Edward Lowe, situada numa área de 12 km² em Michigan. A organização se dedicava a representar, educar, dar apoio a pequenos empresários. O material educacional abordava, sem rodeios, a problemática gerada pela riqueza repentina.

> O inventor do Kitty Litter investiu US$ 30 milhões do seu patrimônio pessoal para criar a Fundação Edward Lowe, que se dedica a ajudar pequenos empresários.

Lowe se aposentou dos negócios em 1990, depois de vender a empresa a um consórcio de investidores por US$ 200 milhões em dinheiro e opções em ações. A injeção de capital e a nova filosofia de gerenciamento resultaram em melhora significativa na eficiência operacional da empresa, e em um novo nome: Golden Cat. A Golden Cat anunciou um faturamento de US$ 200 milhões em 1994, o que significava a liderança do mercado de granulados sanitários para gatos. Em 1995, a Ralston Purina, o gigante de alimentos para animais domésticos, adquiriu o patrimônio da Golden Cat por uma quantia não divulgada.

BANHEIRO DO BICHANO

A morte de Edward Lowe

Edward Lowe morreu em outubro de 1995. A imprensa nacional prestou tributo ao fundador da Kitty Litter com mais de 115 obituários em jornais, 50 programas de televisão e matérias em nove cadeias de rádio nacional.

Depois de um longo e difícil período de afastamento de seus filhos, Lowe refez os laços familiares. Com o passar dos anos ele também se tornou um autor, escrevendo *The man who discovered the Golden Cat, Reflections in the mill pond*, uma coletânea de poesia original, e *Hail entrepreneur!*, um guia de habilidades básicas para a sobrevivência do pequeno empreendedor.

O esforço solitário de um homem alegrou famílias e indivíduos, porque eles agora podem compartilhar seus lares, de maneira higiênica, com seus amados companheiros felinos.

10 PERÍODO PACÍFICO
TAMPAX

Um homem dedicado às mulheres

O dr. Erle Haas era um médico clínico e ocasionalmente inventor, que vivia no interior do Colorado. Por acaso, uma amiga da Costa Oeste mencionou que inseria uma esponja natural na vagina durante a menstruação. Haas ficou impressionado com sua criatividade e se propôs a criar um produto que absorvesse tão bem quanto uma esponja. Em 1931, ele requereu a patente de um "acessório catamenial", usando o termo grego para menstruação. Entretanto sua marca comercial era uma contração das palavras tampão e pacote vaginal*: o **Tampax**.

> As mulheres do antigo Egito foram as primeiras a criar absorventes internos, que elas faziam de papiro *amolecido*.

Fluxo e refluxo do tempo

No século V a.C., o famoso médico grego Hipócrates descreveu um dispositivo usado como absorvente interno, feito de madeira porosa envolvida em fios de linho. No Japão usava-se papel. Em Roma, lã. Na Indonésia, fibras vegetais. Na África, tufos de grama.

Posteriormente as mulheres optaram pelo uso externo de uma pequena almofada feita em casa com uma toalha, e que podia ser reutilizada após a lavagem. Em 1896, a Johnson & Johnson lançou uma almofada de

---

* Em inglês, *tampan* e *vaginal pack*. (N. T.)

PERÍODO PACÍFICO

algodão, também para uso externo, mas as vendas fracassaram porque não foi feita nenhuma propaganda — o assunto era tabu naquela época —, e o produto ficou nas prateleiras.

Durante a Primeira Guerra Mundial invenções na área da medicina levaram à substituição do algodão cirúrgico por um derivado de polpa de árvore denominado alfacelulose, fabricado pela Kimberley-Clark. Enfermeiras fizeram uma imitação das "toalhinhas" menstruais com esse material altamente absorvente, que funcionava muito melhor do que um pano comum. Quando a Kimberley-Clark tomou conhecimento da nova aplicação criada pelas enfermeiras, lançou em 1920 uma "toalhinha" higiênica sob o nome comercial Kotex.

A zona de conforto

O dr. Haas compreendeu que as mulheres só se sentiriam à vontade com o absorvente interno se os problemas da introdução e da remoção do mesmo fossem superados. Depois de meses de experiências, Haas criou uma corda com o fio do próprio absorvente que permitia retirar o acessório, que poderia então ser eliminado pelo vaso sanitário com uma descarga. Mais difícil de superar foi a relutância das mulheres em introduzir o absorvente com o dedo. Haas resolveu o problema encapsulando o absorvente, que passou a ser colocado diretamente dentro da vagina por meio de um cilindro externo.

> Um investimento de US$ 200 em ações da Tampax em 1936 valia US$ 400 mil em 1986.

PERÍODO PACÍFICO

Primeiro ato: os anos da patente

O dr. Haas reconheceu que ele não tinha talento comercial para comercializar o Tampax. Enviou um representante para o Leste para oferecer o produto à Johnson & Johnson. Parecia uma combinação ideal, pois o segmento de produtos hospitalar e doméstico dessa empresa fazia uso de material semelhante em algodão. Mas quando o enviado de Haas chegou a Nova York era a época do auge da Depressão e a Johnson & Johnson disse não.

A ajuda veio quando uma mulher de negócios de Denver, chamada Gertrude Tenderich, ofereceu-se para comprar o produto. Haas vendeu a patente e a marca registrada do tampão para Tenderich e um grupo de investidores de Denver por US$ 32 mil, uma quantia que representava uma pequena fortuna em 1933, mas ainda assim uma década mais tarde, o dr. Haas iria se arrepender de ter vendido por dinheiro e não por ações.

Segundo ato: a hora e a vez de Gertrude

Gertrude Tenderich, nascida na Alemanha — inventora, médica e mulher de negócios —, deve ser considerada a madrinha do Tampax. Ela começou a produzir os absorventes internos em casa, usando uma máquina de costura comum. Depois ela transferiu o processo de fabricação para um pequeno galpão, em que seu irmão mais novo fazia o papel de gerente. Ele desenvolveu um compressor que conseguia produzir 1.100 absorventes por hora.

Os esforços de Tenderich não levaram em conta a resistência da América puritana. Os farmacêuticos de Rocky Mountain temiam que expor a caixa azul e branca de Tampax

> Alguns grupos religiosos temiam que o Tampax estimulasse mulheres jovens a se masturbar.

PERÍODO PACÍFICO

pudesse ofender os clientes. Outras lojas se recusaram a estocar o absorvente se a empresa não fizesse publicidade do produto, o que era impossível pois a maioria dos jornais recusava-se a anunciá-lo.

A diligente Tenderich havia sido derrotada, mas não estava disposta a parar de lutar. Ela finalmente convenceu a Associação Médica Americana a aceitar um anúncio, no qual as mulheres eram encorajadas a escrever pedindo informações adicionais. Ela também contratou enfermeiras formadas para dar palestras informativas sobre menstruação e absorventes internos e mobilizou equipes de mulheres para ir de porta em porta falar sobre o Tampax.

A despeito de todos esses esforços, em 1934 as vendas eram menores do que os custos e Tenderich foi obrigada a licenciar o produto para a Anglo-Canadian Pulp and Paper Company, para vendas no Canadá e no exterior.

No ano seguinte o total de vendas nos Estados Unidos atingiu apenas US$ 60 mil. Mesmo com a infusão de capital canadense, a companhia continuava subcapitalizada.

O passo seguinte de Tenderich era encontrar um sócio com experiência em vendas de produtos farmacêuticos em todo o território nacional. Ela conheceu um empreendedor de 45 anos em Nova York, que havia tido uma brilhante carreira precoce em publicidade chamado Ellery Wilson Mann, cujos conhecimentos de marketing e charme irresistível iriam transformar a pequena empresa na gigante Tambrands Inc.

> O Tampax beneficiou-se imensamente da Segunda Guerra Mundial, quando as mulheres começaram a trabalhar na indústria e serviam no corpo de voluntárias das Forças Armadas. Dirigido a essas novas trabalhadoras, um anúncio dizia: "Sem tempo para interrupções".

PERÍODO PACÍFICO

Terceiro ato: Mann em ação

A data foi 26 de julho de 1936. O jornal, o *American Weekly*, um suplemento dominical com circulação nacional de 11 milhões de exemplares. Nesse dia, os leitores viram um anúncio de página inteira em quatro cores, anunciando: "Comemore esta data especial da história feminina". De maneira audaciosa, ele prometia: "Proteção higiênica de uso interno". O anúncio exibia jovens mulheres dançando, jogando tênis, cavalgando e até mesmo relaxando na praia. A mensagem do anúncio de Mann era clara: uma mulher moderna podia ser ativa durante a menstruação.

Seguiu-se uma intensa campanha publicitária que resultou num aumento de vendas para US$ 500 mil em 1937 — o primeiro ano de lucro da companhia. Trinta e cinco anos depois, em 1972, as vendas atingiram US$ 1 bilhão. O domínio do mercado de absorventes internos pela Tampax — freqüentemente com até 90% do mercado — acabou se tornando faca de dois gumes. Confiante na sua posição, a empresa fez pouca pesquisa de mercado e tornou-se vulnerável a outros fabricantes, com linhas de produtos mais diversificadas.

> A Tampax abriu uma fábrica na China, o maior mercado potencial de absorventes internos.

11 A "BOBAGEM" DO WRIGHT
SILLY PUTTY – A MASSA BOBA

Um lance de sorte

Talvez naquele fatídico dia de 1943 no laboratório da General Electric em New Haven, Connecticut, o escocês James Wright estivesse pensando em comer haggis*. Enquanto trabalhava na busca de um componente substituto da borracha, ele combinou ácido bórico e óleo de silicone num copo graduado. O resultado foi uma substância gosmenta polimerizada. Por alguns segundos ele olhou fixamente para a sua criação e então como que guiado por um espírito, ele a jogou no chão. Para seu espanto, o material pulou de volta! Em 1950, um especialista de marketing iria encontrar o nome perfeito para vender esta substância bizarra: a **Silly Putty**, massa boba.

> Psicoterapeutas recomendam a Silly Putty para alívio do estresse.

Completamente inútil

A GE não sabia ao certo o que fazer com aquela espécie de geléia do Wright, e assim enviou pequenas amostras da substância para engenheiros de todo o mundo pedindo uma opinião. As respostas da comunidade científica mundial, de um modo geral, resumiam-se a: "É um material interessante, mas não somos capazes de encontrar nem sequer um único uso funcional para ele".

Durante os quatro anos seguintes o pessoal da GE e da vizinha Universidade de Yale brincavam com o material gosmento. Num coquetel em

---

* Prato típico escocês com miúdos de carneiro cozidos numa bolsa feita do estômago do carneiro. (N. T.)

A "BOBAGEM" DO WRIGHT

1949, a substância chamou a atenção de Ruth Fallgatter que decidiu vendê-la em sua loja de brinquedos e pelo seu catálogo de novidades natalinas.

Ela contatou a GE, que ficou satisfeita de poder vender-lhe uma porção generosa da gosma. Em seguida ela contratou Peter Hodgson, um consultor de marketing, para projetar e produzir seu catálogo, que incluía uma descrição do material. A embalagem consistia de recipientes de plástico transparentes usados para pó compacto feminino e o preço de venda foi de US$ 2, por 30 gramas. O artigo foi um grande sucesso, mas Ruth Fallgatter não percebeu todo o seu potencial.

Seus ovos todos num único cesto

De fato, Hodgson achava que a cidade de New Haven serviria apenas para testar a massa e preparar seu lançamento em grande estilo em Nova York, para ser um tremendo sucesso ou fracasso. Em 1950 Hodgson já tinha uma dívida pessoal de US$ 12 mil, mas conseguiu raspar o fundo do tacho e arranjar US$ 147 dólares para comprar uma partida da massa da GE. Hodgson rejeitou 14 nomes antes de se decidir por Silly Putty. Engenhosamente embalou uma porção de 30 gramas da meleca numa casca de ovo de plástico e recomendou um preço no varejo de US$ 1.

Compradores da Feira Internacional de Brinquedos em Manhattan duvidavam que as crianças gastariam US$ 1 com a massa, quando poderiam comprar massa de moldar de argila por um décimo deste preço. O quase falido Hodgson conseguiu fazer apenas duas vendas: para a Niemann-Marcus, em Dallas, e para a cadeia de livrarias Doubleday, em Manhattan.
Em agosto de 1950, um cronista da *New Yorker* estava vasculhando a loja da Doubleday na Quinta Avenida quando viu um vendedor brincando com o ovo de plástico. Pouco tempo depois apareceu um artigo de duas páginas na seção "Fofocas da Cidade" proclamando a Silly Putty como um produto singular "que veio para ficar". Na entrevista, Hodgson foi citado afirmando

A "BOBAGEM" DO WRIGHT

que "Silly Putty significa cinco minutos de fuga da neurose. E, como ela atrai pessoas de intelecto superior, o grotesco inerente ao material funciona como um alívio emocional para adultos estressados".

> A Silly Putty chegou até onde nenhum outro brinquedo havia chegado. Os astronautas da Apolo 8 levaram-na para a lua em 1968. Depois da viagem, a Niemann-Marcus, de Dallas, vendeu a massa em ovos comemorativos de prata por US$ 75.

Três semanas após a publicação do artigo na *New Yorker*, o aturdido Hodgson recebeu pedidos de mais de 250 mil ovos de Silly Putty! Ele jamais poderia ter comprado tamanha publicidade. Antes da saída da matéria, ele vendia uma média de 10 mil ovos por mês; depois, a média semanal subiu para 250 mil! Interessante notar que embora a palavra "brinquedo" tenha sido usada no artigo para descrever o produto, a maioria dos consumidores iniciais era adulta e do sexo masculino.

> Mais de 200 milhões de ovos Silly Putty foram vendidos desde 1951.

As vendas rebatem e furam o teto

Indiretamente foi uma guerra que levou à criação da Silly Putty e, ironicamente, seria uma outra guerra que quase acabou com ela. Quando o governo dos Estados Unidos impôs restrições à comercialização de muitas matérias-primas necessárias na Guerra da Coréia, o silicone estava na lista. Na ocasião, Hodgson tinha apenas 750 quilos do material, o suficiente para 240 mil ovos. Por um tempo ele teve de dosar o Silly Putty, atendendo pedidos parcialmente, e colocando outros numa lista de espera.

A "BOBAGEM" DO WRIGHT

Felizmente o governo suspendeu as restrições de comercialização de silicone em 1952 e Hodgson retomou as vendas que continuaram a subir em ritmo constante pelos três anos seguintes. Em 1955 o mercado era praticamente exclusivo de crianças com idade entre 6 e 12 anos. Em 1957 as vendas atingiram seu pico histórico de 7 milhões de ovos.

Na Exposição de Plásticos dos Estados Unidos, em Moscou, em 1961, a Silly Putty foi o artigo mais popular. Posteriormente, o produto experimentou um grande sucesso em toda a Europa.

> Peter Hodgson, o mago de marketing que construiu o sucesso da Silly Putty, morava num parque de 88 acres em Madison, Connecticut, com vista para o Estreito de Long Island. Sua suntuosa residência foi chamada Propriedade Silly Putty.

Um ovo na Lua

Quando a Apolo 8 viajou para a Lua em 1968, os astronautas quiseram levar especificamente a Silly Putty, que eles pretendiam usá-la para fixar as ferramentas, que do contrário flutuariam, e também para aliviar o tédio. Para comemorar a ocasião, Hodgson projetou ovos especiais como embalagem, em prata de lei.

Muitos atletas usavam o Silly Putty para fortalecer a mão, um exercício popularizado pelo premiado jogador de rugby do Baltimore Colt, Ray Barry. A massa foi usada para limpar tipos de máquina de escrever, tapar vazamentos, remover fiapos de roupas e copiar desenhos de gibis em cores. Diversas organizações antifumo receitam a Silly Putty como o substituto tátil perfeito para ex-fumantes, no momento em que sentirem uma vontade irresistível de fumar.

A "BOBAGEM" DO WRIGHT

Em 1976 a Binney & Smith adquiriu os direitos de comercialização da marca, cujas vendas haviam caído para menos de 5 milhões de unidades por ano. O declínio foi devido a inúmeros concorrentes, todos eles usando "Putty" em suas marcas, com a exceção de algo chamado Goofy Goo (Meleca Pateta). Em 1980, as vendas de Silly Putty caíram para menos de 2 milhões de ovos.

Quando a Silly Putty fez 40 anos em 1990 — mais velha que a Barbie, G.I. Joe e Slinky — a Binney & Smith mandou celebrar uma festa de aniversário numa Exposição de Brinquedos com um bolo de 250 quilos. Um ano mais tarde, em 1991, os ovos foram produzidos numa versão fosforescente. Atualmente são vendidos 6 milhões de ovos por ano, graças a um interesse renovado.

Peter Hodgson morreu em 1976. Esse homem empreendedor pegou uma meleca aparentemente inútil, deu-lhe um nome e arriscou tudo para vendê-la. Deixou uma propriedade avaliada em US$ 140 milhões, totalmente paga com os ganhos provenientes da Silly Putty.

12 COBERTURA MÉDICA
BAND-AID

Acidentes domésticos

Em 1920 os pombinhos recém-casados Earle e Josephine Dickson instalaram-se no seu ninho de amor em New Brunswick, Nova Jersey. Infelizmente a jovem esposa era inexperiente na cozinha e freqüentemente queimava as delicadas mãos ou cortava os graciosos dedos. Seu marido, filho e neto de médicos da Nova Inglaterra, aplicava carinhosamente gaze e esparadrapo às suas mãos machucadas. Ele decidiu desenvolver uma compressa que a desajeitada Josephine pudesse aplicar facilmente na sua ausência. Pegou um pedaço de esparadrapo cirúrgico, enrolou um pouco de gaze e cobriu-o com um pequeno retalho de um tecido resistente chamado crinolina. O presente de um marido condoído para a sua desastrada esposa tornou-se o mais prático curativo para ferimentos: **Band-Aid**.

> Nos últimos 75 anos, a Johnson & Johnson vendeu mais de 205 milhões de caixas de curativos. O Band-Aid é o produto mais lucrativo da empresa.

Lama na ferida

Nossos antepassados aprenderam que a preservação da vida dependia em parte de conseguir estancar o fluxo de sangue de um ferimento. Lama, ou uma combinação de lama e grama, era usada para cobrir ferimentos e parar sangramentos.

No final do século XIX o dr. Joseph Lister usava ácido carbólico como desinfetante, para manter os ferimentos num ambiente livre de germes. Num dos momentos mais importantes da medicina moderna, o mé-

COBERTURA MÉDICA

dico inglês demonstrou o princípio da anti-sepsia, ordenando que todos os tecidos previamente usados como compressa em cirurgias fossem fervidos antes de ser reutilizados nos pacientes.

Em 1876, um homem de negócios de New Jersey, Robert Woods Johnson ficou impressionado com a teoria de Lister e procurou alertar os americanos sobre os perigos da infecção. A sua idéia, então radical, era de que qualquer pessoa poderia ministrar os primeiros socorros em ferimentos ou pequenas abrasões, aplicando uma compressa estéril. Seu método instantâneo iria salvar um número incontável de vidas e diminuir muita dor e o sofrimento, e contribuiu para o desenvolvimento de uma das empresas mais conhecidas nos Estados Unidos: a Johnson & Johnson.

> O comercial de televisão mais famoso do produto mostra um Band-Aid atado a um ovo e colocado dentro de um recipiente com água fervendo. O poder adesivo do produto se tornou sua vantagem competitiva mais importante.

Na linha de frente

Dickson trabalhava na Johnson & Johnson. Quando seus colegas ficaram sabendo da atadura que ele havia criado para sua esposa Josephine, sugeriram que levasse a idéia para a gerência.

O presidente da empresa reconheceu imediatamente o potencial desta invenção singular e deu o sinal verde para fabricar as primeiras compressas adesivas. Estas eram tiras com 9 cm de largura e 54 cm de comprimento feitas manualmente e protegidas por crinolina removível. O consumidor simplesmente cortava o rolo em tiras no tamanho desejado. O superintendente da fábrica, W. Johnson Kenyon, sugeriu o nome de marca Band-Aid.

COBERTURA MÉDICA

Os Band-Aids demoraram a decolar. Para a sua divulgação, eram distribuídas amostras grátis para as equipes de escoteiros da região e um vendedor de Ohio deixou um rolo de Band-Aid em cada açougue de Cleveland.

O chefe de pesquisa da Johnson & Johnson acreditava firmemente na eficácia do produto. O dr. Frederick Kilmer havia visto como grandes compressas esterilizadas reduziam infecções. Ele achava que os Band-Aids, em tamanho menor, deveriam estar em todos os armários de medicamentos dos Estados Unidos. Como editor da revista da Johnson & Johnson para farmacêuticos *Red Cross Notes*, ele começou a escrever editoriais elogiando o Band-Aid.

> O barbante vermelho que abriu milhões de Band-Aids se tornou obsoleto graças ao brilhante trabalho de Stanley Mason, Jr. Ele desenvolveu uma "zona fraca" no papel, tornando o produto mais fácil de abrir e mais barato de fabricar.

Décadas de aprimoramentos do Band-Aid resultaram em compressas com furos de aeração, embalagens individuais em glassine, a tira de plástico e a tira transparente.

A guerra das compressas

A batalha competitiva desencadeada entre o Band-Aid e seus concorrentes seria travada não por conta do poder anti-séptico, mas do torno de poder adesivo. Nos anos 1930, a empresa divulgava os benefícios do produto como "mais adesivo, mais macio e rápido"*. A campanha seguinte proclamava que o Band-Aid grudava como a janela do vagão do trem diurno, uma referência às janelas dos trens daquele tempo. Quando a televisão se tornou o principal veículo de propaganda, a Johnson

---

* Em inglês, "*quicker, slicker, sticker*". (N. T.)

COBERTURA MÉDICA

& Johnson patrocinou alguns dos primeiros clássicos da televisão, como *Cheyenne*, *Donna Reed Show* e *Gunsmoke*.

O Curad, da Bauer and Black, o principal concorrente da Johnson & Johnson, percebeu que precisaria buscar seu próprio nicho no mercado dos curativos, e procurou atingir o mercado infantil. A primeira inovação foi o Curad's Battle Ribbon (condecoração de batalha), um adesivo colorido, seguido pelo "curativo sem áis!". A Band-Aid respondeu com a "Stars 'n Stripes" uma tira nas cores da bandeira americana. Gradualmente a guerra dos curativos para crianças resultou em embalagens e tiras com animais, veículos e personagens de histórias em quadrinhos impressos.

Fim da história

Earle Dickson, o inventor do produto, aposentou-se da Johnson & Johnson em 1957. Ele ocupava a vice-presidência desde 1932 e era membro da diretoria desde 1929. O presente de um marido para a esposa veio a salvar vidas e prevenir infecções.

13 O CARTÃO DA SORTE
HALLMARK, INC.

A primeira marca

Em 1891 seus pais lhe deram o nome de Joyce, para homenagear um famoso pastor metodista que tinha esse sobrenome. Ter um nome feminino deve ter tornado o menino das planícies do Nebraska mais forte. Aos 16 anos, ele e seus irmãos começaram a importar cartões-postais de fotos do mundo todo, que traziam idéias exóticas e pensamentos ternos aos moradores do Centro-Oeste americano. Aos 18 anos, Joyce Clyde Hall abriu uma distribuidora de cartões em Kansas City, para vender cartões de outras empresas. Passados cinco anos, um incêndio destruiu todo o seu estoque e Hall conseguiu de um banco um empréstimo para o capital inicial. Desta vez, porém, ele iria criar sua própria linha de cartões. Um cartão trazia o seguinte texto: "Quando você chegar ao fim da sua corda, faça uma emenda nela e continue firme". Os Irmãos Hall fizeram mais que continuar firmes: eles estabeleceram o padrão que se tornou sinônimo de qualidade: **Hallmark**.

> Desde 1960 a Hallmark detém os direitos exclusivos de comercializar e reproduzir em cartões os personagens de Snoopy.

Kansas City

J. C. Hall dizia com freqüência que sua empresa começou numa caixa de sapatos, porque era onde ele guardava os cartões-postais quando chegou a Kansas City em 1910. Nesta metrópole vibrante, ele inaugurou uma empresa de reembolso postal, enviando, em consignação, seus cartões-postais para varejistas, muitos dos quais nunca pagaram a fatura anexa.

O CARTÃO DA SORTE

Depois da Primeira Guerra Mundial, a classe média americana começou a prosperar, e era um símbolo de status enviar cartões impressos em envelopes lacrados. Hall acreditava que havia um mercado maior a ser explorado, para cartões de Natal e de Dia dos Namorados.

A linha de cartões de felicitações da empresa era claramente sentimental. Os textos eram redigidos numa linguagem simples e sem afetação, que refletia a educação religiosa dos três irmãos do interior dos Estados Unidos. Os primeiros poemas e mensagens evocavam sentimentos de ternura e tinham uma apresentação de extremo bom gosto. J.Hall disse certa vez: "Eu prefiro fazer 8 milhões de impressões de boa qualidade, do que 28 milhões ruins. Bom gosto é bom negócio".

> A Hallmark convida seus varejistas a participar de um treinamento na "Universidade da Consideração".

Em 1923, a Hall Brothers empregava 120 pessoas e mudou as instalações da fábrica para uma sede própria, cuja localização foi escolhida por voto secreto entre os funcionários. A filosofia dos irmãos — tratar cada empregado com respeito — gerava um relacionamento positivo entre a direção e os empregados.

Após alguns anos, J.C. Hall achou que a empresa iria se valorizar em termos promocionais, se mudasse seu nome de "Hall Brothers Company" para "A Hallmark Card". Ele também intuiu que o método tradicional de vender cartões, guardados em gavetas fechadas, inibia as vendas. Sua solução inovadora chamou-se "Eye Vision", uma peça patenteada projetada para expor os cartões em suportes vazados verticais. Com o passar do tempo, esses *displays* se tornaram padrão para a venda de cartões em loja, além de outros produtos.

> A Hallmark fatura aproximadamente US$ 4 bilhões no mundo todo. A família Hall ainda detém 75% das ações. Os empregados possuem o restante.

O CARTÃO DA SORTE

Em 1928 a empresa deu um outro passo ousado, considerado por alguns como "A loucura do Hall". Ela se tornou a primeira empresa de cartões a fazer anúncios em revistas de circulação nacional. No início dos anos 1930, a Hallmark patrocinava um programa de rádio muito popular, em que o locutor lia poemas e pensamentos contidos nos cartões.

Enviando o melhor

No dia 22 de outubro de 1944, durante o programa de rádio patrocinado pela Hallmark, os Estados Unidos ouviriam pela primeira vez um dos *slogans* publicitários que se tornaria dos mais conhecidos: "Quando você se preocupa em mandar o melhor". Seu criador foi C.E. Goodman, vice-presidente de vendas da Hallmark, que era um entusiasta adepto do compromisso da empresa com o bom gosto e a alta qualidade.

Em 1949 um desenhista da empresa criou a memorável coroa que é a assinatura da Hallmark, e se tornou a marca registrada da empresa em 1950. Em 1954 o nome da empresa foi oficialmente mudado para Hallmark: um termo do século XIV referente à habilidade dos mestres artesãos das guildas inglesas.

A Hallmark reforçou sua imagem de qualidade patrocinando um programa de televisão, vencedor do prêmio Emmy — *Hallmark Hall of Fame* —, que estreou na véspera do Natal de 1951 com a ópera de Gian Carlo Moretti *Amahl e os Visitantes da Noite*. Por mais de 45 anos este programa simbolizou o mais alto padrão de qualidade em televisão.

O CARTÃO DA SORTE

Ainda em Kansas City

No esforço para se manter em sintonia com os tempos modernos, a Hallmark criou outra linha de cartões com mensagens mais modernas. A sua subsidiária Shoebox produz cartões comunicando nascimentos e de pronto restabelecimento, mas também aborda temáticas como namoro, promoções no emprego e outros eventos da vida.

Sua última inovação é chamada *Personalize it!* (Torne-o pessoal!). Esta linha de cartões permite ao cliente escrever sua própria mensagem usando um sistema de computadores dentro da loja. E, naturalmente, esse gigante das comunicações mantém uma página na internet.

Em 1984, a Hallmark adquiriu a Binney & Smith, cuja linha de produtos inclui Crayola, Magic Markers e Silly Putty. Em 1994, a companhia adquiriu a Revell-Monogram, o maior fabricante mundial de kits de modelismo.

Sendo uma empresa familiar, a Hallmark é líder na resolução de problemáticas família/trabalho. Ela continua sendo uma das poucas empresas americanas que nunca teve de dispensar funcionários. Mais de um quarto de sua força de trabalho permaneceu por mais de 25 anos na empresa.

A Hallmark afirma que jamais criou datas comemorativas, ao contrário do que muita gente pensa. Essas datas são determinadas nos Estados Unidos por resolução do Congresso Nacional. O número de cartões vendidos nos três maiores feriados, obtido num levantamento feito em 1995 são: Natal, 2,6 bilhões; Dia dos Namorados, 950 milhões e Páscoa, 156 milhões. Por outro lado, o Dia da Enfermeira, gera a venda de apenas 500 mil cartões.

O CARTÃO DA SORTE

O sonho de 1915, tornou-se uma realidade por várias décadas. A Hall Brothers sabia que, no fundo do seu coração, os americanos eram românticos sentimentais, e que seus olhos ficariam mareados com um cartão de felicitação num aniversário ou Dia das Mães. Sua pequena empresa de cartões de Kansas City tornou-se um gigante multibilionário.

14 O SENSACIONAL ESQUI DOMÉSTICO
NORDICTRACK

Visão noturna

Em 1975, Ed Pauls contemplava uma desolada noite de inverno no Minnesota quando pensou ironicamente: "Uma noite perfeita para praticar esqui cross-country". A despeito da chuva gelada e das condições escorregadias do terreno, ele estava determinado a cumprir algumas horas de treinamento vigoroso para participar de uma corrida de fim de semana. Mas, caminhando penosamente durante a terrível noite, ele começou a se perguntar porque deveria agüentar tamanha provação. Uma idéia estranha lhe veio à mente: seria possível praticar esqui cross-country *dentro de casa*? Ele sabia que essa idéia só daria certo se se fizesse um aparelho que impulsionasse o corpo do esquiador para a frente e ao mesmo tempo o mantivesse fixo no lugar. Depois de muitos protótipos fracassados, Pauls assombrou o segmento de equipamentos de ginástica com um aparelho que permitia fazer em casa os extenuantes exercícios ao ar livre. A máquina "esqui", movida por uma esteira rolante acionada por polias e de aparência estranha, funcionava perfeitamente e foi chamada **NordicTrack**.

> A NordicTrack divide seu mercado potencial em três categorias: **Entusiasta**, *Consciente* e Preguiçoso.

O início da era da máquina

Há 30 anos, a indústria da saúde e boa forma física ainda se encontrava na Era das Trevas. No início da década de 1970, a Companhia Nautilus inaugurou uma variedade de dispositivos com o uso de polias, desenhados para desenvolver a resistência física e melhorar o

O SENSACIONAL ESQUI DOMÉSTICO

funcionamento do sistema cardiovascular. Estas máquinas foram a base da revolução em equipamento de condicionamento físico.

Mas poucas pessoas tinham espaço ou dinheiro para comprar um equipamento completo da Nautilus. As bicicletas ergométricas, que já existiam no mercado, só permitiam exercitar as pernas e o exercício aeróbico. As pessoas que queriam treinar em casa não dispunham de um aparelho projetado para exercitar o corpo inteiro.

> O nome original era Nordic Jock (suporte atlético), mas grupos feministas queixaram-se do nome sexista.

Forjando o futuro em casa

"Grandes coisas são iniciadas em garagens", disse Ed Pauls, e como experiente engenheiro mecânico, ele "quebrava a cabeça" em busca de soluções com mais objetividade que a maioria das pessoas. Ele encontrou o material para o protótipo do NordicTrack fuçando o ferro-velho da sua região, buscando tipos especiais de aço. Retirou a correia da roldana de uma máquina e usou-a para simular o balançar do corpo dos esquiadores.

Infelizmente o protótipo havia sido feito sem barras de proteção contra quedas — um início não muito auspicioso para um aparelho destinado a melhorar a saúde do usuário.

Um segundo inconveniente era que a máquina não dispensava os esquis de cross-country. O usuário também tinha de calçar botas de esqui antes de entrar nos esquis. A despeito de tudo, Pauls doou alguns dos primeiros modelos para o time de esqui dos Estados Unidos, para treinamento de cross nos meses de verão. Em 1975, a propaganda boca-a-boca resultou na venda de alguns modelos feitos artesanalmente.

O SENSACIONAL ESQUI DOMÉSTICO

Pauls sabia que a máquina precisaria ser divulgada. Alugaram um estande na Feira de Equipamento de Ginástica de Washington em 1975. A maioria dos participantes ria ao ver a máquina cara (US$ 450) e de aparência esquisita. Alguns executivos da Tunluri, uma empresa sueca de bicicletas ergométricas, comentaram depreciativamente: "Na Suécia dispomos de neve para esquiar". No final de 1975, as vendas totalizaram 208 unidades.

> A NordicTrack abriu duas lojas em Manhattan, uma na Madison Avenue e outra na Park Avenue, para oferecer uma oportunidade aos consumidores urbanos de alta renda testarem o produto.

O retorno às pistas

Ed Pauls decidiu tornar o NordicTrack não apenas eficaz para exercitar o corpo todo, mas também para corridas de cross-country profissionais. No fim da década de 1970, a empresa se beneficiou do crescente interesse por exercícios e boa forma física. Clientes satisfeitos elogiavam o NordicTrack por suas qualidades aeróbicas e anaeróbicas, enquanto os médicos apregoavam as vantagens para a saúde dos exercícios de baixo impacto. Uma das primeiras pessoas a recomendar o sistema foi sua filha Terri, bicampeã nacional de cross-country universitário. Depois disso a companhia "ganhou ouro" quando o vencedor da medalha de ouro olímpica, Bill Coch, endossou o NordicTrack.

O NordicTrack tornou-se popular em academias de ginástica por todo o país. Anos depois perguntaram a Pauls em que momento ele percebeu que sua criação havia se tornado um sucesso. Ele respondeu: "Eu não havia me dado conta de quantas unidades estávamos vendendo, até que um dia olhei pela janela e fiquei impressionado com o tamanho do caminhão sendo carregado com os equipamentos".

O SENSACIONAL ESQUI DOMÉSTICO

Os Pauls empregavam duas estratégias de venda: nunca pressionar o cliente potencial e responder a todas as questões relativas à saúde. Uma equipe de funcionários dedicados compilava listas com as perguntas novas que iam surgindo sobre fisiologia, perda de peso e até serviços de manutenção.

O NordicTrack estava presente em congressos médicos de cardiologistas, ortopedistas e fisioterapeutas. A mensagem simples, porém poderosa, era que ele podia fortalecer o coração e oferecer uma maneira segura de se exercitar em casa.

Em 1985, dez anos depois que o protótipo da garagem havia sido feito, a empresa tinha 80 empregados em lugar dos três iniciais. O NordicTrack continuou sendo fabricado em dois modelos, o standard, para uso doméstico e o modelo profissional que apresentava uma base mais ampla e um braço com resistência especial. No ano seguinte Pauls convenceu-se de que não possuía nem o capital, nem o conhecimento de marketing necessários para competir com os fabricantes de equipamentos maiores. Vendeu a companhia para o Grupo CML por US$ 24 milhões.

> Até hoje foram vendidos mais de 3 milhões de aparelhos NordicTrack.

O exercício físico definitivo

A injeção de capital novo da CML impulsionou o NordicTrack para novos mercados. Em 1990 os dois modelos transformaram-se em 16, incluindo a Executive Power Chair, feita em couro preto e projetada para fortalecer a parte superior do corpo. Outros modelos se seguiram: NordicFlex Gold, uma máquina de testar a força; a FitWalk, uma esteira rolante não motorizada e a Easy Ski, um auxiliar de treinamento para cross-country com varas rígidas para aumentar o equilíbrio. No mesmo ano a NordicTrack abriu a primeira de suas lojas de vendas no varejo. Os

O SENSACIONAL ESQUI DOMÉSTICO

clientes podiam testar as máquinas sob orientação de especialistas. No final de 1992, com a expansão para o Canadá e Europa, as vendas dispararam para US$ 86 milhões.

Quando a patente original expirou em 1994, os engenheiros da empresa projetaram uma máquina de esqui cross-country ainda mais avançada. O novo modelo, chamado MC^2, se baseava em resistência eletromagnética e era capaz de simular mais de quatro tipos diferentes de piso de neve: consistência regular, com velocidade rápida e lenta e condições de pista molhada, rápida e lenta.

Em 1996 as vendas em todo o mundo totalizaram US$ 600 milhões. A empresa nunca perdeu de vista a estratégia de vendas do seu fundador: educar e informar o consumidor. O milionário Ed Pauls não se arrependeu de ter vendido a companhia há 12 anos. Ele ainda faz experiências na sua garagem e quando fica cansado de exercícios cerebrais, exercita-se em uma das suas cinco máquinas NordicTrack.

15 NÃO ROUBARÁS
O CLUB

Momentos roubados

Em 1985, na região Oeste da Pensilvânia, a aquisição de um Cadillac sedã, quatro portas, zero quilômetro, era um símbolo de sucesso financeiro. Quando este dia glorioso chegou para Jim Winner Jr., ele estava cheio de orgulho do seu carro novo, que veio com todos os acessórios extras — interior luxuoso de couro, som estéreo de última geração e o sistema antifurto mais sofisticado do mercado. Uma noite, para seu horror, ele descobriu que seu carro novo havia sido roubado. Nem o melhor sistema antifurto da General Motors e nem o alarme do carro haviam sido eficazes.

Posteriormente ele lembrou-se de que, quando prestava serviço militar, conseguia impedir que colegas soldados dirigissem o seu jipe, prendendo a direção ao freio com uma grossa correia de ferro. Isto acabaria servindo de inspiração para a concepção de uma haste de aço, pintada de vermelho vivo: o **Club**.

> Estatísticas do FBI indicam que 200 mil automóveis são roubados anualmente. O Club ajudou a baixar este índice em até 44% em determinadas regiões.

O grande roubo de carro

Nos tempos modernos os carros ficaram tão fáceis de serem roubados quanto o gado era no passado. No início, os fabricantes de automóveis não projetavam dispositivos antifurto eficientes. A primeira inovação significativa foi a chave de ignição, lançada em 1911. Não demorou para que ladrões criativos descobrissem como fazer uma ligação direta até o motor. Posteriormente foram colocadas fechaduras nas portas, mas isto também não se mostrou uma barreira eficaz.

NÃO ROUBARÁS

Em meados da década de 1970, alguns proprietários de automóveis usavam uma barra de ferro grossa, que ligava a direção ao pedal do freio. Isto se mostrou moderadamente eficaz, mas nunca gerou muito interesse. Os consumidores queriam um dispositivo antifurto testado e comprovado, barato e fácil de usar.

Polícia e bandido

Assim que a idéia "não gira a direção, não consegue roubar" cristalizou-se na sua mente, Winner começou o processo de criação e aperfeiçoamento do dispositivo ainda sem nome. Inicialmente, ele trabalhou com um mecânico que fez um protótipo com algumas das características que se tornariam definitivas — o comprimento da haste e o uso de aço temperado especial.

Winner sabia que precisava de informações de ladrões de carros, e da polícia, para projetar a barreira definitiva contra furto de carros. Ele contratou um ex-ladrão de carros para testar cada protótipo. Ao mesmo tempo ele pedia sugestões à polícia de Pittsburgh e Los Angeles. Foi uma unanimidade: o dispositivo tinha de ser grande, colorido, fácil de trancar e resistente. Mais de 50 protótipos foram feitos e testados em áreas com alto índice de roubo de carros.

> Winner também inventou um dispositivo de segurança ultra-sônico que alerta animais da aproximação de carros.

> A revista de propaganda *Advertising Age* selecionou o Club como uma das cem marcas de maior destaque em 1993. A Associação Americana de Marketing premiou o invento como "Melhor Produto Novo".

NÃO ROUBARÁS

Quando a versão final foi construída, Winner procurou um nome que atraísse a atenção, descrevesse o produto e divulgasse essa espécie de bastão. Decidiu chamá-la pelo próprio nome *club* (bastão, em inglês).

Winner trabalhava com organizações de prevenção do crime, como a National Fraternal Order of Police (Ordem Fraternal Nacional de Polícia). O resultado desta associação foi a Community Carwatch (Vigilância Comunitária de Automóveis), um programa de prevenção de furtos de automóveis que reunia cidadãos, funcionários públicos e departamentos de polícia locais. O objetivo do grupo era educar o público sobre as maneiras de diminuir significativamente o roubo de automóveis. Os panfletos instruíam os participantes sobre maneiras de ludibriar os ladrões e também recomendavam o bastão, o *club*, de Winner.

Uma das primeiras comunidades a fazer um teste de mercado com o produto foi McAllen, no Texas, onde o furto de automóveis havia se tornado um problema grave. Inicialmente havia se planejado distribuir 500 Clubs, mas a notícia espalhou-se boca-a-boca, e tiveram de ser vendidas e/ou distribuídas 21 mil unidades. Em um mês, o furto de automóveis caiu 30%; e ao fim de um ano caiu 44%.

Em conseqüência do sucesso em Allen, outras comunidades se inscreveram para participar do programa Community Carwatch. Fort Wayne, em Indiana, e Irondequoit, no estado de Nova York, constataram uma queda no índice de furtos de carros da ordem de 40%, após um ano. Atualmente mais de 3.500 departamentos de polícia por todo o país mantêm o Club em exposição e fazem demonstrações do produto.

O vencedor leva tudo

Em 1987, Winner levou o Club para um comprador da Sears Roebuck, que não se mostrou interessado. "Passados apenas três minutos", lembraria Winner posteriormente, "ele me disse que eu estava louco e que a minha peça de metal nunca seria vendida". Winner respon-

NÃO ROUBARÁS

deu: "O produto estará na Sears, mas você não será o comprador". Apenas quatro meses depois, o comprador da Sears, que só falava "não", mudou de idéia quando os comentários sobre o Club começaram a se espalhar.

Winner se mostrou o melhor e mais ávido vendedor da empresa. Ele abriu contas em lojas de varejo e cadeias de suprimentos para automóveis e manteve o mesmo preço de atacado para todos os distribuidores. "Eu preciso do varejista por apenas um motivo, para que o consumidor encontre o Club facilmente", dizia ele. Nas ruas e estacionamentos por todos os Estados Unidos, milhares de carros ostentavam o Club. Em cinco anos, o dispositivo tornou-se uma marca nacionalmente reconhecida.

> A Club tem vendas anuais de US$ 130 milhões. É uma empresa privada e de propriedade familiar.

Tornando-se sócio do Club

Hoje a Winner International fatura mais de US$ 125 milhões anuais graças ao Club e a outros dispositivos de segurança semelhantes. Os novos produtos incluem o Door Club, para segurança da casa, e o Bike Club, uma trava para bicicleta totalmente ajustável e autotravante. E desde a aquisição da empresa Personal Security Products, a empresa de Winner também vende o Club Pepper Spray, um *spray* de pimenta, outro produto de segurança ímpar. Seu último dispositivo antifurto é o Shield, projetado para prevenir o furto de *air-bags*.

Jim Winner adquiriu uma loja de departamentos desativada em sua cidade natal de Sharon e a transformou na matriz da Winner International, Inc. Este milionário que começou do zero opera uma fazenda de produção Amish e administra um hotel-fazenda quatro estrelas chamado Tara, o mesmo nome da mansão do filme *E o vento levou*. Que mais poderia se esperar de um empreendedor sonhador que pensa grande? Winner tem um carro novo que, desnecessário dizer, é equipado com um **Club**.

16 O CORTE PROVIDENCIAL
CUISINART, INC.

O homem e a máquina

Em 1971, Carl Sontheimer, um engenheiro eletrônico aposentado, detentor de 52 sofisticadas patentes de radar, participou de uma feira internacional de utensílios domésticos em Paris e ficou encantado com um processador de comida para restaurantes, chamado Robot-Coupe. Embora o aparelho fosse pesado e feio, processava frutas e verduras em segundos. Enquanto observava o aparelho picar verduras, Sontheimer pensou se não poderia adaptá-lo para uso doméstico. Passado algum tempo ele redesenhou a máquina francesa e lançou um aparelho prático e singular: o **Cuisinart**.

> O inventor do Cuisinart foi criado na França e formou-se em Física pela MIT.

Liquida liquidificador

Os únicos eletrodomésticos de uma cozinha típica americana na década de 1960 eram o liquidificador Waring (inventado pelo líder de conjunto musical Fred Waring) e o Mixmaster, usado para misturar massa de bolos e fazer purê de batatas. Não havia um aparelho que conseguisse misturar massa de pão, picar legumes ou ralar queijo parmesão. O jantar naquele tempo consistia de bolo de carne, bife e batata ao forno, ou filé de peito de frango à milanesa e arroz cozido num saco plástico. No final da década de 1970, graças a Julia Child, às aulas de culinária locais e ao Cuisinart, patês, *coquilles* St. Jacques e terrinas de pato começaram a ser usuais.

> Em 1991 a Cuisinart era a marca mais conhecida entre os equipamentos da cozinha.

O CORTE PROVIDENCIAL

O início difícil do Carl

Depois de se aposentar, Sontheimer abriu uma pequena empresa de comidas sofisticadas chamada Cuisinart, especializada na importação de pimentas em salmoura. O seu objetivo era vender artigos de preço mais elevado, e assim adquiriu os direitos de fazer uma versão menor do Robot-Coupe. Ele modificou o aparelho alongando o tubo de alimentação, aperfeiçoando as lâminas e discos e adicionando outras características exigidas para atender os padrões de segurança americanos. Ele mostrou sua criação pela primeira vez na Feira de Utilidades Domésticas de Chicago, de 1973. Quando os dois vendedores contratados viram a máquina desajeitada e souberam o preço sugerido de US$ 140 — quatro vezes o preço de um liquidificador comum — deram adeus a Sontheimer e seu Cuisinart. Os varejistas também estavam reticentes, acreditando que nem mesmo gourmets iriam pagar um preço tão exorbitante por uma máquina desconhecida, feia e que não havia sido testada.

> As vendas de 1973 não passaram de algumas centenas. Em 1974 chegaram a alguns milhares. Em 1975 o número aumentou para dezenas de milhares, e, em 1978, as vendas dispararam vertiginosamente para a casa dos milhões.

Grátis para todos

Sem se deixar abalar com o fracasso na feira de 1973, Sontheimer deu um golpe magistral de marketing, enviando Cuisinarts gratuitamente para a aristocracia culinária dos Estados Unidos. Depois de testarem o aparelho, todos foram unânimes. "Uma maravilha", disse Craig Calirborne do *New York Times*. "Aparelho fabuloso!", disseram a

O CORTE PROVIDENCIAL

Gourmet Magazine, *Vogue*, *Town & Country*, *House & Garden* e a *House Beautiful*. Mas o elogio que causou o maior furor na imprensa veio do decano dos chefs americanos, James Beard, que exclamou: "Este aparelho mudou a minha vida. Não posso mais viver sem um Cuisinart".

Tempos rápidos, dinheiro rápido

O sucesso de mercado do Cuisinart foi inédito no setor de aparelhos eletrodomésticos de cozinha. Todas as pessoas precisavam ter o aparelho, especialmente aqueles que se consideravam mestres-cucas e gourmets. Depois de ler as críticas elogiosas dos jornais e revistas, as vendas dispararam e Sontheimer não conseguia atender à procura. Em 1975, os "Cuisinarts eram vendidos como água", relembra Larry Hurd, o comprador-chefe da Bloomingdale em Nova York. "Não foi fácil manter os estoques da loja naquele Natal."

O benefício adicional do Cuisinart era a considerável economia de tempo. O processador fazia parecer brincadeira de criança picar e fatiar quilos de legumes, ou misturar ovos para fazer uma massa fofa em 15 segundos, em lugar dos 15 minutos usuais.

> Em 1988, aos 78 anos, o inventor do Cuisinart vendeu sua empresa para um grupo de investidores por US$ 60 milhões.

De volta para o futuro

Os executivos da Robot-Coupe ficaram admirados com o sucesso astronômico do Cuisinart que, na opinião deles, derivava do seu aparelho. Em 1980 a empresa francesa entrou no mercado americano com seu próprio processador de alimentos, um pouco melhorado, e anunciando que processador de alimentos "*costumava* ser chamado de Cuisinart". Esta pequena farpa foi insuficiente para atrair a fiel clientela do Cuisinart.

O CORTE PROVIDENCIAL

Carl Sondheim ganhou milhões com o Cuisinart. Mesmo octogenário, mas ainda ativo, ele não parava de se encantar com o fato de que, em algum lugar dos Estados Unidos, alguém estaria picando, fatiando, ralando, preparando manteiga de amendoim e patês variados ou massas de bolos com um Cuisinart.

> Graças ao brilhante golpe promocional concebido pela esposa do inventor, no Natal a Cuisinart vendeu caixas vazias contendo um cartão que dava direito a um Cuisinart, na remessa de fevereiro. Naquele Natal os clientes ficaram satisfeitos de pagar o preço de varejo por uma promessa.

17 GELATINA MILAGROSA
VASELINE

Água e óleo

Em 1859, perto de Titusville, Pensilvânia, uma das primeiras torres de perfuração do país trespassou um leito rochoso, liberando um líquido negro que iria mudar para sempre a história. A primeira descoberta de petróleo dos Estados Unidos se tornou um ímã para todos os aventureiros que queriam enriquecer depressa. Robert Chesebrough, um químico do Brooklyn, Nova York, chegou a esta cidade que crescia vertiginosamente e observou um trabalhador limpando uma bomba da torre de perfuração, para remover os resíduos negros da graxa que aderia aos eixos, considerada um subproduto praticamente sem valor. Chesebrough se empenhou em conseguir extrair algo de útil daquela gosma negra, e finalmente conseguiu reduzi-la a uma substância branca gelatinosa e hidratante. Procurando um nome que a descrevesse, este amante de línguas combinou a palavra alemã para água (*Wasser*) com a palavra grega para óleo de oliva (*elaion*) para formar **Vaseline** — a vaselina.

> O único produto derivado da vaselina bem-sucedido foi o Tônico Capilar Vaseline, lançado em 1916. Ele propiciou a milhões de homens aquilo que a concorrência desdenhosamente chamou de aparência "sebosa".

GELATINA MILAGROSA

Salvação

No século XIX os poucos medicamentos existentes eram baseados nos princípios da homeopatia, que utilizava as propriedades curativas de plantas e ervas. Três das pomadas e ungüentos mais conhecidos para cortes e contusões eram a calêndula, um bálsamo, feito da planta *Balsamicum peruvium*; e a arnica, feita de uma flor cor de laranja-brilhante encontrada nos Alpes, *Arnica montana*. Esses remédios à base de ervas, não eram produzidos em quantidade e nem encontrados o ano inteiro no mercado. Claramente, havia necessidade de um ungüento curativo barato. Entra em cena a Vaseline.

> Em 1874 o inventor da Vaseline havia expandido o seu comércio por todo o país e vendia um pote do produto *por minuto*.

Antes que o mundo aceitasse a gelatina milagrosa de Chesebrough, ele teve de convencer o público cético que o produto — mesmo clarificado a um branco imaculado — não tinha nenhum efeito danoso à saúde. Ele também teve de lidar com o medo de que o produto fosse combustível.

Primeiro corte

Chesebrough tomou duas medidas para superar a resistência de médicos e farmacêuticos a receitarem seu produto. A primeira foi montar equipes de vendedores, viajando a cavalo ou com charrete para distribuir amostras grátis aos moradores do norte do estado de Nova York. A segunda foi mais radical: ele se cortou e se queimou para demonstrar a eficácia da Vaseline.

As amostras grátis — uma das primeiras promoções do gênero nos Estados Unidos — geraram tanto interesse que os consumidores passaram

GELATINA MILAGROSA

a encomendar Vaseline na farmácia. A prestigiosa publicação médica inglesa *Lancet* fez uma matéria favorável. Em 1878, o produto foi um sucesso estrondoso na Exposição de Paris, que teve um excelente público.

Logo, os profissionais de medicina descobriram o valor benéfico da gelatina e os médicos passaram a receitá-la para pequenas queimaduras e abrasões. Também foi usada para substituir emplastros de mostarda para friagem do peito e alívio de congestões nasais e foi universalmente aclamada como útil no tratamento de fissuras dos lábios e da pele. Na verdade, por toda a década de 1880, a Gelatina de Petróleo Vaseline foi considerada um produto indispensável nos lares.

> Os pescadores têm um dos usos mais incomuns da vaselina: eles a colocam na ponta de anzóis para atrair trutas.

Cobertura perfeita

Em 1859, quando a Vaseline foi lançada, ainda se estava distante de Louis Pasteur provar que organismos microscópicos chamados bactérias causavam infecção. Embora não se soubesse à época, a Vaseline era eficaz porque cobria as feridas, impedindo que as bactérias atingissem o ferimento.

Com o passar do tempo, os médicos descobriram que ela não tinha nenhum efeito no processo de cicatrização das queimaduras, nem tinha de fato qualquer propriedade curativa medicinal. Conseqüentemente, o rótulo do produto hoje em dia afirma apenas que ela tem uma "comprovada ação hidratante".

GELATINA MILAGROSA

O resgate

Foram necessários diversos anos antes que as limitações da Vaseline fossem percebidas, e isso só ocorreu depois de ela ter sido amplamente usada e universalmente aclamada. No trágico incêndio da seguradora Equity Life Insurance Society em Nova York, no ano de 1912, a Vaseline tratou muitas vítimas de queimaduras. E em 1942, a Vaseline foi usada depois do incêndio do clube noturno Coconut Grove, em Boston. Durante a Segunda Guerra Mundial, o Departamento de Defesa convocou a empresa a trabalhar junto com outras empresas importantes do ramo cirúrgico, para desenvolver uma atadura, contendo Vaseline para ser usada contra queimaduras nas Forças Armadas.

O comandante Robert Peary, o famoso explorador do Ártico, levou Vaseline para o Pólo Norte porque ela não congelava, mesmo à temperatura de 20ºC abaixo de zero. Por outro lado, em climas tropicais, a Vaseline — que nunca se torna rançosa — era o ungüento ideal para abrasões da pele e picadas de insetos.

> Em 1880 o inventor da vaselina mandou escrever uma música sobre seu produto chamado *The balled of the Vaseline brigade* (A balada da brigada Vaseline).

Nos lares americanos, um pote de Vaseline era sempre mantido acima do fogão da cozinha, para uso emergencial em pequenas queimaduras. Jovens mamães também a usavam como proteção contra assaduras do bebê. Não admira que o produto fosse conhecido como "o melhor amigo da pele".

GELATINA MILAGROSA

"Pond"erando o futuro

Robert Augustus Chesebrough tornou-se um nova-iorquino rico, defensor de direitos civis e conhecido por seu trabalho filantrópico. Em 1955 a Chesebrough Manufacturing Company se fundiu com a Pond's Extract Company, fundada em 1846 por Theron Pond. Wall Street chamou a fusão de "casamento de aristocratas", pois ambas as famílias eram proeminentes nos Estados Unidos havia mais de cem anos. Quando, com seus cinqüenta e poucos anos, Chesebrough sofreu um ataque quase fatal de pleurisia, ele fez questão de passar Vaseline dos pés à cabeça. Ele se recuperou e viveu até a idade de 96 anos. Tendo quase morrido em 1933, ele atribuiu sua vida longa, vigor e saúde ao produto milagroso, revelando publicamente que por muitos anos havia comido uma colher cheia da gelatina diariamente.

> Outros usos exóticos foram descobertos para o pote multiuso. Estrelas e astros de cinema o esfregavam sob os olhos para simular lágrimas. Na Índia a Vaseline era usada para "amanteigar" o pão.

18 SILÊNCIO É OURO
MIDAS

A marcha de Sherman

Um simpático vendedor viajante de autopeças, chamado Nate Sherman, parou certo dia de 1931 em Hartford, Wisconsin para visitar um operador de prensa hidráulica chamado Joe Marx. Os homens conversaram a respeito de iniciar um negócio por conta própria e Sherman sugeriu venderem escapamentos de reposição. Nos 25 anos seguintes a equipe aperfeiçoou um escapamento revestido, resistente à ferrugem. O produto chegou a ganhar o Selo de Aprovação do Laboratório Underwriters. No final da década de 1940, Sherman ficou intrigado com o sistema de franquia de *fast-food* e pensou se esse sistema teria sucesso no setor de peças de automóvel. Ele sabia que um empreendimento nacional de escapamentos precisava ter um nome memorável e escolheu um acrônimo para a sua recém-fundada organização de revendas: **M**uffler **I**nstallation **D**ealers **A**ssociated **S**ervice — **Midas** (Associação de Revendas de Serviço de Instalação de Escapamentos).

> O primeiro nome da Midas foi Muffler Clinic (Clínica de Escapamentos).

O império do auto-homem

Entre 1920 e 1950 as primeiras oficinas mecânicas americanas consistiam de "rapazes sujos de graxa" vestindo macacão. Freqüentemente as oficinas ficavam em um posto de gasolina de propriedade de uma família, e um mecânico treinado consertava o carro enquanto o irmão menor operava a bomba de gasolina. Esse sistema funcionou bem, enquanto os carros a serem consertados foram os básicos Modelo A da Ford, com poucas peças complexas.

SILÊNCIO É OURO

No período pós-Segunda Guerra Mundial houve um desenvolvimento vertiginoso dos subúrbios e da construção de estradas interestaduais. O período presenciou um concomitante aumento na produção de veículos. Os postos de gasolina não tinham mais condições de oferecer serviços de manutenção para os modelos V-6 e V-8, mais complexos. Com milhões de carros nas estradas e ruas, as vendas da linha de produtos de Marx/Sherman, que incluía eixos, correias, bombas de água e escapamentos de qualidade, cresceram muito.

> A Midas abriu um negócio de *fast-food* chamado Tortas Virginia Hardy que faliu rapidamente.

Tecendo ouro

Uma vez escolhido o nome Midas, Sherman, que gostava de ostentação, adicionou ao revestimento externo dos escapamentos flocos de bronze. Quando aplicados, estes flocos adquiriam um tom dourado que reforçava a associação com o rei Midas.

Logo, Hugh Landrum de Macon, Geórgia, um bem-sucedido comerciante de carros recuperados que possuía quatro lojas de escapamentos, ouviu falar do conceito de franquia de Sherman. Landrum converteu seu negócio em lojas Midas e começou a instalar escapamentos por US$ 7 cada. Sua esposa se referiu ao novo empreendimento como a "loucura de Landrum". Mas, em pouco tempo, suas quatro lojas Midas aumentaram para nove.

O grande Nate

Quando criança em Omaha, Nebraska, Nate Sherman distribuía jornais às 3 horas da manhã para ajudar a família a pagar as contas. Desde cedo ele descobriu que as pessoas trabalham com mais afin-

SILÊNCIO É OURO

co em um negócio próprio. Ele recrutou pessoas dos mais diversos setores para as suas primeiras franquias: motoristas de caminhão, perfuradores de petróleo, vendedores e mecânicos. Em um ano, cem lojas Midas apareceram em 40 estados. O sonho de franquias de Sherman estava se tornando realidade.

Sherman escolheu a logomarca inconfundível da Midas, pontuando o "i" com uma coroa majestosa. O amarelo tornou-se a cor do uniforme dos mecânicos e todo o material impresso apresentava algum elemento dourado.

Sherman sabia que a maior conquista de um vendedor era "fazer uma pessoa confiar em você". Essa confiança era o elemento que faltava no novo empreendimento. Sua solução foi oferecer ao consumidor uma promessa num *slogan* simples: "A Midas garantirá seus escapamentos pelo tempo que você possuir o carro".

> O fundador da Midas foi conselheiro financeiro e confidente de Golda Meir, ex-primeira-ministra de Israel.

Expansão e venda

Em 1965, a empresa havia saturado o mercado com 500 revendas de escapamentos em todo o país. Cinco anos depois, Sherman sabia que precisava de uma infusão de capital, se quisesse continuar a crescer. Em 1972, a IC Industries adquiriu a empresa e Sherman abandonou as responsabilidades da administração cotidiana. A nova matriz decidiu que era hora de um novo *slogan*.

SILÊNCIO É OURO

Conjugando um verbo novo

Uma campanha promocional usando uma única palavra colocou a Midas na linha de frente da consciência nacional. Proprietários de automóveis eram encorajados a "midasize" (midasizar) seus carros. O neologismo denotava qualidade e confiabilidade e reforçava a qualidade superior de serviço das revendas Midas.

Devido à lei antipoluição de 1975, os escapamentos dos carros novos tinham durabilidade maior, ameaçando o negócio de reposição de escapamentos. A Midas se reposicionou no mercado, propondo-se a prestar um serviço completo de reparos "sob o veículo". No início de 1980, ela introduziu serviços de freios, suspensão e alinhamento.

> As vendas globais da Midas superaram o US$ 1 bilhão em 1993.

Atingindo o MIT

Em 1974, Sherman supervisionou a abertura das instalações de pesquisa e desenvolvimento da empresa em Palatine, Illinois. Ele aprovou com entusiasmo o nome escolhido: M. I. T, para o Midas Institute of Technology!

Nate Sherman morreu em 1980 aos 82 anos. Ele foi um grande aliado de Israel e doou grandes somas de dinheiro para instituições de caridade judaicas.

> Foram vendidos mais de *50 milhões* de escapamentos Midas.

O conceito de franquia de Sherman deu certo porque o serviço de reparos de escapamentos preencheu um nicho de mercado o qual os postos de gasolina regionais não podiam atender: um escapamento melhor, instalado mais rapidamente e com garantia vitalícia.

19 MINICONSTRUTOR
LEGO

Brincando

Em 1916, Ole Kirk Christiansen abriu uma oficina de carpintaria em Billund, Dinamarca. Nas suas horas de folga ele fazia brinquedos de madeira para seus filhos, e descobriu que achava muito mais agradável e gratificante fazer brinquedos do que trabalhar em grandes projetos de carpintaria. Em 1934 ele criou uma pequena empresa chamada Lego, contração de duas palavras dinamarquesas (*legt godt*) que significavam "brincar bem". Depois da Segunda Guerra Mundial, Christiansen descobriu a magia do plástico para fabricar brinquedos e criou blocos de montar interconectáveis aos quais chamou de Automatic Binding Bricks (tijolos que se juntam automaticamente). Por dez anos estes jogos de peças foram o principal produto da empresa e iriam se tornar bastante populares internacionalmente. Por coincidência, Lego em latim significa "eu junto", uma tradução adequada, pois desde então as crianças vêm montando com alegria os blocos de Christiansen: **Lego**.

> As crianças do mundo todo passam 5 bilhões de horas por ano brincando com Lego.

"10"

Em 1954, Christiansen enviou seu filho Godtfred a uma feira de brinquedos dinamarquesa, como representante da empresa Lego. Naquela ocasião ele fabricava 200 produtos. Godtfred encontrou um comprador de brinquedos que se queixava de não existir um sistema de brinquedos com múltiplas utilidades. Godtfred percebeu que o comprador

MINICONSTRUTOR

tinha razão e concebeu uma lista de dez requisitos que deveriam constar de um sistema abrangente.

1. Possibilidades ilimitadas de brincar.
2. Destinado a meninos e meninas.
3. Diversão para todas as idades.
4. Para o ano todo.
5. Diversão estimulante e absorvente.
6. Sem hora para acabar.
7. Imaginação, criatividade, desenvolvimento.
8. Quanto mais brinquedos, maior o seu valor.
9. Sempre atual.
10. Segurança e qualidade.

Godtfred e seu pai examinaram sua lista de brinquedos para ver se havia algum que preenchesse os dez requisitos e encontraram somente o jogo de tijolos. Assim, em 1955 eles lançaram o produto sob um novo nome, como Lego System of Play (sistema Lego de brincar), completo, com 28 conjuntos diferentes e 8 carrinhos. Três anos mais tarde, a empresa aperfeiçoou o sistema de acoplamento, que permitiu combinações ilimitadas dos blocos.

> Mais de *125 bilhões* de blocos Lego foram vendidos desde 1949.

Os blocos do Sistema Lego são feitos de plástico atóxico de alta qualidade com cores firmes e duráveis. Todas as peças Lego são perfeitamente compatíveis entre si. Nas caixas de embalagem há modelos impressos ilustrando o que pode ser feito com as peças em seu interior.

MINICONSTRUTOR

Grandes dinamarqueses

O sucesso dessa empresa de propriedade familiar começou com a insistência de papai Christiansen em fazer brinquedos de qualidade. Seu credo era: "Apenas o melhor é bom o suficiente". Para esse fim, Christiansen reconheceu os benefícios do plástico na fabricação de brinquedos. Os brinquedos de plástico eram duráveis e podiam ser produzidos em volume maior e a um custo menor que os brinquedos de madeira. A Lego instalou a primeira máquina de molde por injeção de plástico da Dinamarca em 1947.

Godtfred estava imbuído da mesma visão e ética do trabalho de seu pai. Ele se tornou os olhos e os ouvidos da empresa na comunidade de brinquedos da Europa, e foi o primeiro a perceber o potencial da comercialização dos blocos multicoloridos interconectáveis. Em 1958 a Lego começou a fabricar os blocos de brinquedo na Alemanha, no mesmo ano em que Ole Christiansen morreu.

> Os inventores do Lego — a família Christiansen — são a dinastia mais rica da Dinamarca, e sua fortuna foi estimada em mais de US$ 5 bilhões.

No início da década de 1960, os blocos do sistema Lego se tornaram o brinquedo mais popular na Europa. Em 1961 eles foram lançados nos Estados Unidos, e crianças, pais e até mesmo psicólogos infantis os receberam com entusiasmo. Posteriormente, muitos dos brinquedos feitos nos Estados Unidos seguiriam o sistema de dez requisitos de Ole.

Terras encantadas

A história da Lego poderia ter terminado com o sistema de blocos de montar, mas Godtfred tinha outra visão: um parque temático infantil totalmente construído de blocos Lego. Em 1968, o Parque

MINICONSTRUTOR

Legoland foi inaugurado em 25 acres de terreno em Billund, na Dinamarca. As crianças se encantaram com as réplicas em miniatura de lugares famosos de todo o mundo, como o Capitólio dos Estados Unidos, o Partenon grego e a Estátua da Liberdade. Mesmo pessoas importantes foram feitas de Lego – o Chefe Touro Sentado exigiu 1,2 milhão de peças. O parque também tem navios eletronicamente controlados, trens e guindastes, junto com milhões de blocos Lego espalhados por todos os lugares para diversão dos jovens visitantes.

Em 1996, o segundo Legoland foi inaugurado próximo a Windsor, Inglaterra; em 1999, um terceiro parque seria aberto em Carlsbad, Califórnia, 45 quilômetros ao norte de San Diego. Enquanto as crianças vêem maravilhadas terras futurísticas e históricas, magnificamente construídas de blocos Lego, o desejo de Ole Christiansen de que todas as crianças "brinquem bem" irá continuar a se realizar.

> O Parque Legoland na cidade de Billund é a segunda atração turística mais popular da Dinamarca, apresentando uma média anual de visitantes superior a *1 milhão* de pessoas.

20 FAÇAM SEUS JOGOS
TRIVIAL PURSUIT*

Colegas sabidos

Numa noite de 1981, dois jornalistas canadenses, Chris Haney e Scott Abbott, disputaram qual deles conhecia mais fatos de conhecimentos gerais. A disputa amigável abrangia os tópicos de ciências, geografia e entretenimento. O resultado dessa rivalidade amistosa foi a criação do jogo de tabuleiro que "todo o mundo" queria ter nos anos 1980. Parecia que os americanos não podiam esperar para se reunir com amigos e familiares e brincar com o **Trivial Pursuit**.

> Em 1984, foram vendidos 15 milhões de jogos Trivial Pursuit. Até hoje, 60 milhões de pessoas o adquiriram, uma indicação da força do jogo que fora um fenômeno em seu lançamento.

A guerra dos tabuleiros

Os dois jogos de tabuleiro que os americanos mais gostavam até 1984 — excluindo damas, xadrez e Mah-Jongg — eram Scrabble (Palavras cruzadas) e Monopoly (Banco Imobiliário). O primeiro foi inventado em 1931, pelo arquiteto Alfred Butts, e o segundo por Charles B. Darrow, em 1934. Nos anos 1970 as estratégias para ambos foram delineadas nos livros *Vencendo no jogo Monopoly* e *Estratégias para o Scrabble*. Isso tirou o prazer de jogá-los e, conseqüentemente, sua popularidade caiu.

Obviamente havia um nicho de mercado para um jogo de tabuleiro adulto, no qual duas, quatro, ou mais pessoas pudessem se entreter. Esse nicho seria preenchido por Trivial Pursuit.

---

* Jogo conhecido no Brasil como *Master*.

FAÇAM SEUS JOGOS

Invasão americana

O primeiro passo de Abbott e Haney foi escolher os elementos do jogo: tabuleiro, cartões com perguntas, categorias e ícones de movimento. Depois de se decidirem por seis tópicos (Arte e Literatura, Entretenimento, Geografia, História, Ciências e Natureza e Esportes e Lazer) eles descobriram um pequeno fabricante de plásticos para produzir as seis peças coloridas para jogar. No início eles chamaram o jogo de Trivia Pursuit, mas a esposa de Haney sugeriu Trivial Pursuit, que soava melhor.

Haney e Abbott sabiam não possuir as habilidades de marketing, propaganda e vendas, necessárias para divulgar o jogo. Eles convenceram John, o irmão mais velho de Haney e o advogado Ed Werner a embarcar no projeto. Eles chamaram a nova empresa de Horn Abbott Ltd. ("Horn" era o apelido de Haney).

> O Trivial Pursuit foi traduzido para 19 línguas e é vendido em 33 países.

Como acontece com a maioria dos novos empreendimentos, o capital inicial veio das poupanças pessoais dos sócios. Em pouco tempo, a empresa tinha capital suficiente para produzir mil protótipos, que foram vendidos em Ontário, no Canadá. As pessoas adoraram o jogo e o consideraram um modo interessante de passar os longos invernos canadenses.

Estimulados pelo sucesso, os quatro alugaram um estande na Exposição Internacional de Brinquedos de Nova York de 1982. Eles estavam tão confiantes que encomendaram 20 mil jogos. Os visitantes entretanto adquiriram da exposição apenas algumas centenas, o que deixou a companhia com um encalhe de 19 mil peças e um sentimento profundo de que eles haviam julgado erroneamente o atrativo do jogo.

> Em um a cada dois lares americanos há um jogo Trivial Pursuit.

FAÇAM SEUS JOGOS

A empresa precisava, com certeza, de um sistema de distribuição para o mercado americano. Eles convenceram a Selchow e Righter — fabricantes do Scrabble e do Jeopardy — a distribuir o jogo nos Estados Unidos.

Oferta e procura

O que se seguiu foi um frenesi de compras semelhantes à loucura ocorrida com a boneca Cabbage Patch*. Assim que o Trivial Pursuit aparecia nas lojas americanas, era arrebatado, sem praticamente nenhuma promoção ou propaganda. A América ficou obcecada por trivialidades e pelo Trivial Pursuit.

O jogo teve sucesso por dois motivos: as pessoas gostavam de exibir os seus conhecimentos, e uma multidão de "atletas de poltrona" encontrou um prazer renovado confraternizando-se em torno da mesa de cozinha.

O jogo foi concebido para cobrir uma ampla gama de interesses e conhecimento. Com seis categorias e 4.800 perguntas, tinha um pouco de tudo para todos. Qualquer um podia competir em pé de igualdade com um professor de imunologia de Yale, bastando para isso conhecer um pouco sobre as novelas da mamãe e os esportes do papai.

Esse fantástico sucesso surpreendeu os dois fundadores, que no início pensavam criar um agradável jogo de tabuleiro — uma versão mais fácil do jogo Jeopardy da televisão americana — para ser apreciado por estudantes de faculdade. Haney disse: "Foi como se virássemos estrelas do rock".

---

* No Brasil, a boneca Cabbage Patch foi comercializada com os nomes de Luli e Os repolhinhos.

FAÇAM SEUS JOGOS

Conforto sulista-canadense

O Trivial Pursuit deu início a uma febre de jogos canadenses. O Balderdash, o Scruples, o MindTrap e o Pictionary foram criados por canadenses esperançosos por faturar e fazer ressurgir a popularidade dos jogos de tabuleiro para adultos. Um *barman* de Toronto "encontrou o veio" inventando e vendendo 100 mil cópias de MindTrap. O jogo Orthocon, por outro lado, criado por dois colegas da Universidade de Western Ontário, vendeu apenas 500 unidades.

Em 1988, apenas quatro anos depois do *boom* de vendas do Trivial Pursuit, a Horn Abbott Ltd. vendeu os direitos para a Parker Brothers, uma divisão da megacompanhia de brinquedos Hasbro, por US$ 12 milhões. Esta, por sua vez, diversificou o Trivial Pursuit Master Games para incluir as versões Júnior, Anos 60, Familiar, além de várias edições de Viagem.

O time original da Horn Abbott Ltd., juntamente com outros 32 investidores que aplicaram cada um US$ 2 mil, obtiveram um enorme lucro. Haney e Abbott ficaram multimilionários, porque o mundo adorou o Trivial Pursuit!

> Haney e Abbott possuem atualmente *dois campos de golfe* perto de Toronto.

21 UM GÊNIO DOS JEANS (UM "JEANIO")
LEVIS STRAUSS & COMPANY

Uma segunda Corrida do Ouro

Levi Strauss, nascido em Buttenheim, na Bavária, em 1829, imigrou para os Estados Unidos aos 18 anos. Ele começou a sua trajetória vendendo secos e molhados em Nova York e no Kentucky. Seu cunhado, David Stern, convidou Strauss para ser sócio em um novo empreendimento comercial em São Francisco, uma cidade com uma população em expansão devido à corrida do ouro de 1849.

Conta uma lenda que Strauss fez seu primeiro par de calças de um tipo de lona de barraca marrom, em 1853. A verdade é que por 20 anos ele importou e vendeu secos e molhados em sua loja de São Francisco. Strauss só produziu calças para homens em 1873, quando Jacob Davis, um alfaiate pobre, sugeriu que eles patenteassem um macacão cuja cintura era presa por rebites. Se esse sócio tivesse sido um pouco mais egocêntrico, o mundo hoje estaria vestindo "Jacob's" e não **Levi's**.

> Algumas pessoas acreditam que o termo jeans seja uma referência à cidade de Gênova, na qual os marinheiros usavam calças de algodão grosso. Na verdade, o *denin* é originário de Nimes, na França, onde o tecido era chamado de *serge de Nimes*, que virou denim na América.

Sucesso imediato

Nos 19 anos que se seguiram a loja de Strauss prosperou, mudando três vezes para instalações maiores. Em 1868, um terremoto destruiu o empreendimento, assinalando a primeira das muitas catástrofes que se abateram sobre a companhia.

UM GÊNIO DOS JEANS (UM "JEANIO")

Em 1872, Strauss recebeu uma carta de um alfaiate de Nevada, chamado Jacob Davis. Na carta, ele contava que sua clientela, a maioria composta de mineiros, se queixava de que pepitas de ouro ou pedras ficavam presas nos bolsos das calças, rasgando a costura. A solução encontrada por ele foi fixar rebites nos bolsos. Ele terminava perguntando se o fabricante de tecido *denim* não estaria interessado em pagar a taxa de registro da patente do seu reforçador de costuras. Em 1873, por apenas US$ 69 a Companhia Levi Strauss e Davis asseguraram a patente dos rebites e da, agora famosa, costura arqueada dupla cor-de-laranja.

> Os jeans Levi's fazem parte do acervo permanente do Instituto Smithsonian.

No ano seguinte, 1874, a companhia produziu seu primeiro par de Patented Riveted Waist-High Overalls (macacões com rebites na cintura, patenteados). Um ano depois, a empresa abriu seu primeiro processo contra dois concorrentes por fabricarem roupa semelhante. A procura pelas calças reforçadas foi tão grande que a empresa inaugurou sua própria fábrica. Para dirigir a fábrica, Strauss escolheu Jacob Davis.

O sucesso continua

Nas duas últimas décadas do século XIX, o mercado principal dos macacões Levi Strauss era constituído por trabalhadores do sexo masculino, principalmente vaqueiros e mineiros do Oeste. Em 1880, a empresa faturou US$ 2,4 milhões, tanto com as calças, como com secos e molhados, tornando-se uma das empresas mais prósperas de São Francisco.

Para reforçar a imagem de "a calça do trabalhador", a Companhia Levi Strauss costurou uma etiqueta de couro, na parte de trás dos macacões. Isso se tornou a marca "Two Horses" (Dois Cavalos), simbolizada por dois

UM GÊNIO DOS JEANS (UM "JEANIO")

garanhões fazendo um cabo-de-guerra com os jeans. Com isso, Strauss garantia um novo par, caso o primeiro se rasgasse.

Em 1890, Strauss formalizou uma sociedade por ações, distribuindo 18 mil ações entre a família e seus funcionários, que ficaram imensamente alegres com esse gesto paternalista, o primeiro de uma série na história da empresa, que se manteve na condição de propriedade familiar (quatro sobrinhos de Strauss trabalharam na empresa).

Levi Strauss prosperou aquém do que ele sonhara. Ele estabeleceu generosas bolsas de estudo para surdos na Universidade da Califórnia, dando início à tradição filantrópica da empresa. Strauss morreu em 1902, aos 73 anos de idade.

O terremoto e incêndio de São Francisco, em 1906, destruíram a sede e a fábrica. A reconstrução, entretanto, transformaria a Levi Strauss, de um simples fabricante de roupas masculinas para o trabalhador do Oeste, em fabricante de roupas para o mundo!

> A partir de 1890, a empresa passou a dar um número para cada um de seus modelos. As calças com botões na braguilha receberam o número "501". Em uma campanha promocional memorável, quase cem anos depois, as famosas "501" tiveram as vendas dobradas.

Mania nacional

A reputação dos macacões da Levi's, bem como a das calças do "trabalhador" foi reforçada nos anos 1920 e 1930. Os filmes e os noticiários exibidos nas telas dos cinemas daquela época mostravam operários, mineiros, ferroviários e vaqueiros vestindo o conhecido *blue jeans*.

Ironicamente, com o declínio da pecuária familiar nos anos 1930, houve um aumento da popularidade dos macacões Levi's. Rancheiros do

UM GÊNIO DOS JEANS (UM "JEANIO")

Oeste, desesperados para manter seu padrão de faturamento, transformavam seus galpões em ranchos turísticos e esperavam a chegada dos "caipiras" do Leste, sedentos para experimentar a autêntica vida de um caubói. Esses candidatos a caubóis tinham de se vestir de acordo, ou seja, um traje completo de domador de cavalos, que incluía o jeans Levi's.

Hollywood teve um papel substancial para difundir essa moda para a maioria do povo americano. Heróis caubóis eram vistos na tela cavalgando com suas Levi's. Posteriormente, nos anos 1950, filmes de jovens rebeldes, como Marlon Brando, fizeram o jeans virar moda. Os estudantes universitários da Califórnia aderiram, e nos anos 1960, parecia que todos nos Estados Unidos possuíam um par de jeans Levi's.

Herança familiar

Como Strauss não tinha filhos, contratou parentes do lado da família de sua irmã (os Stern) para dirigir a empresa. Hoje, Bob Haas, tataratara sobrinho-neto de Levi Strauss exerce a presidência. Em 1985, a família, preocupada com a febre de aquisições de Wall Street, tomou emprestado US$ 1,6 bilhão e recomprou 95% das ações da Levi's, transformando-a, novamente, em uma empresa privada. Conhecida por mesclar lucros com filantropia a Levi Strauss & Company mantém a missão de seu fundador.

> O crescimento das vendas da Levi Strauss é uma incrível história de sucesso: US$ 2,4 milhões em 1884, US$ 200 milhões em 1968, US$ 1 bilhão em 1975 e US$ 6 bilhões em 1996.

22 SEGURA FIRME
VELCRO

O fecho aveludado

Em 1941, George de Mestral e seu pointer irlandês estavam caçando aves selvagens na histórica serra Jura, na Suíça. Ele se deu conta, nesse dia, de que além de caçar ele passava o tempo arrancando carrapichos que aderiam ao pêlo de seu cão e em sua própria roupa. De Mestral ficou admirado com a "insistência" desses frutos que pegavam carona em tudo que passasse por perto, e que eram muito difíceis de retirar dos pêlos dos animais e dos tecidos de lã. Naquela mesma noite, esse engenheiro suíço colocou um carrapicho sob o microscópio e ficou pasmo ao ver que a parte externa estava coberta por minúsculos ganchos que funcionavam como centenas de garras. Mestral imaginou se seria possível imitar a natureza, criando um prendedor de tecidos. Quando conseguiu, deu à invenção um nome memorável, usando as primeiras sílabas de duas palavras francesas: *velour* (veludo) e *crochet* (gancho): **Velcro**.

> Um pedaço de Velcro com 8 cm^2 pode prender uma pessoa de 70 quilos à parede.

Um problema suíço

Dizem que Mestral definia um inventor como "simplesmente um louco que tem uma idéia transcendente". O que ele viu sob a lente do microscópio fez com que se esforçasse oito anos para imitar o sistema de aderência do carrapicho. Ele estava tão determinado que em 1952 abandonou seu emprego de engenheiro e convenceu um banqueiro suíço a lhe emprestar US$ 150 mil para aperfeiçoar o sistema do velcro, que ele havia patenteado um ano antes. Mestral usou parte do dinheiro para financiar

SEGURA FIRME

uma viagem a Lyon, a capital têxtil da França, onde trabalhou com um professor. Juntos, fizeram experimentos com náilon, um tecido sintético que estava disponível desde 1938. A resistência do náilon, entretanto, criara um problema difícil:

> O apresentador americano David Letterman colocou o Velcro sob os holofotes nacionais quando ele mesmo foi preso a uma parede.

Mestral não conseguia cortar ganchos nesse material. Frustrado, ele se lembrou de um amigo íntimo que dissera existirem dois caminhos para a ruína do homem: mulheres e invenções, sendo o último o caminho mais seguro.

Capitão gancho

Aos 44 anos, Mestral estava em um beco sem saída e a caminho da ruína financeira e pessoal. Seus associados acreditavam que ele jamais resolveria o problema de cortar o náilon, então ele resolveu voltar para as montanhas prometendo retornar depois que descobrisse como construir uma máquina que pudesse cortar ganchos no náilon.

Todas as manhãs, ele acordava em seu pequeno chalé e pensava no problema. Nenhuma solução aparecia. Finalmente Mestral abandonou seu retiro alpino e foi para um vilarejo próximo em busca de inspiração. Na barbearia local, ficou intrigado com o deslizar da tesoura do barbeiro. Finalmente ele encontrara a resposta. O Velcro entraria em uso.

Em meados dos anos 1950, Mestral começou a produção do tecido "gancho-e-laço" na Suíça, e cedeu os direitos de licenciamento, fazendo acordos com companhias do Canadá e dos Estados Unidos, antecipando que as principais empresas de confecção americana e européia iriam bater à sua porta. Ele previa centenas de aplicações: como substituto de zíperes, de cordões de sapato e de botões, possibilitando assim que anciãos artríticos e crianças desajeitadas se vestissem com facilidade.

SEGURA FIRME

O Velcro, entretanto, ainda tinha um problema. Ele parecia ter sido feito a partir das sobras de um tecido negro de qualidade inferior. Por esse motivo, quando foi lançado no início dos anos 1960, o Velcro não era costurado em roupas de boa qualidade. Ele não substituía cordões de sapatos de bico fino, nem botões de um *tailleur* Chanel, nem zíperes de calças e saias de lojas de departamento.

No mundo da Lua

Mesmo com todos esses contratempos, a invenção conseguiu gerar alguma publicidade na comunidade científica americana. Membros da indústria aeroespacial perceberam que a fita do tipo "gancho-e-laço" poderia ser o material ideal para os astronautas vestirem e desvestirem seus volumosos trajes espaciais. Infelizmente, a visão de astronautas em trajes prateados com fechos de Velcro serviu apenas para reforçar a imagem de material de uso limitado. Apenas os fabricantes de roupas infantis e esportivas — depois de verem os astronautas removerem suas bolsas de comida das paredes e ficar de pé, com suas botas presas ao solo, numa atmosfera sem gravidade — enxergaram grandes possibilidades para o Velcro.

> No início, os confeccionistas não viam o potencial daquela tira adesiva, feia e pouco prática, e rejeitaram o Velcro. Com isso, George de Mestral teve de aprender que estilo é fundamental para a indústria de confecções.

SEGURA FIRME

A onda é grudar

Os esquiadores, "embrulhados" em suas roupas volumosas e de pouca mobilidade, ficavam parecidos com os astronautas; assim, os fabricantes perceberam que os fechos de Velcro poderiam ser práticos nas roupas dos esquiadores. Os fabricantes de roupas de mergulho e uso marítimo também aderiram.

As carteiras com Velcro, para adolescentes, fizeram um sucesso estrondoso. As mochilas escolares também. As crianças e seus pais adoraram a facilidade de uso e a independência dada por esse fantástico material.

Como Mestral previu, o Velcro se tornou um perfeito substituto de zíperes, botões, cordões e colchetes. Fabricantes encontraram usos inovadores como pulseiras de relógio, máscaras cirúrgicas, blusões, tiras do aparelho de medir pressão, até mesmo alvos e bolas para as crianças jogarem "dardos" com segurança.

Em 1978 a patente de Mestral expirou e imitações baratas feitas em Taiwan e na Coréia do Sul inundaram o mercado, forçando a Velcro USA Inc. a criar uma divisão apenas para proteger o nome. George de Mestral então deu início a uma campanha para garantir direitos de propriedade vitalícios para inventores.

> A Velcro orienta seus funcionários a não usarem a palavra "velcro" que se tornou um termo genérico como gilete e band-aid. Eles usam os termos fecho "gancho-e-laço", "fita-gancho" ou "fita-laço".

SEGURA FIRME

Caça-talentos

Mestral se tornou um milionário com os *royalties* que recebeu, e viveu num castelo do século XVIII no vilarejo de Saphorin, 30 quilômetros a oeste de Lausanne.

Numa visita ao fabricante da Velcro USA Inc. em Manchester, New Hampshire, Mestral deu alguns conselhos aos seus executivos. Ele disse: "Se algum dos seus empregados pedir duas semanas de folga para ir a uma caçada, digam sim". Afinal, foi uma dessas caçadas que o levou à invenção do Velcro.

23 RODAS DA FORTUNA
ROLLERBLADES, INC.

Um par de irmãos

Num dia de verão de 1980, Scott e Brennan Olson, dois irmãos de 19 e 20 anos de idade, respectivamente, estavam procurando algo no porão empoeirado da loja de artigos esportivos onde trabalhavam, em Mineápolis, quando encontraram um velho par de patins *in-line* tradicional, esquecido, fabricado pela empresa Chicago Roller Skate. Mal sabiam esses irmãos, ratos de rinque de patinação, que ao esfregar as botas de couro enrugado para remover a sujeira e o encardido, iriam libertar o gênio que materializaria uma bilionária indústria de artigos esportivos nos Estados Unidos e que lhes traria uma vida de notoriedade e riqueza. Os Olsons iriam denominar sua elegante criação de **Rollerblade**, lâmina rolante.

> Patinação *in-line* é a atividade de recreação de maior crescimento nos Estados Unidos. O total de participantes subiu de 3 milhões em 1989 para 22,5 milhões em 1995.

As rodas da história

As pessoas deslizam sobre a neve em trenós de madeira ou metal desde a Idade Média. Mas foi somente no século XVIII, quando um diligente holandês prendeu carretéis de linha de costura, de madeira, ao solado dos seus sapatos, que alguém patinou sobre rodas. Na Holanda, o príncipe Jaime, o duque de York (que posteriormente se tornaria o rei Jaime II da Inglaterra), aprendeu a patinar depois da Restauração. Os escoceses também se entusiasmaram com o esporte e fundaram a primeira organização de patinação, o Clube de Patinação de Edimburgo, em 1742.

RODAS DA FORTUNA

Em 1790, o belga Joseph Merlin, inventor de objetos mecânicos e fabricante de instrumentos, fez uma entrada triunfal num baile de máscaras em Londres, patinando com botas equipadas com rodas metálicas — enquanto tocava uma abertura de Mozart no violino! Infelizmente, Merlin não conseguiu fazer uma mágica quando chegou a hora de parar e entrou de cabeça num espelho que cobria toda a parede dos fundos do salão de bailes, estilhaçando-o.

As botas com um único par de rodas passariam a ser chamadas de patins *in-line**. Esses patins continuaram sendo fabricados na Europa no início do século XIX sob nomes exóticos como Le Petitbled, Volito e Le Prophete, em versões feitas de madeira, metal e marfim.

James L. Plimpton, da Nova Inglaterra, foi o pioneiro na construção de patins com quatro rodas em 1863, que ele chamou de Circular Running Roller Skate, feito com rodas de borracha da Índia. Esse foi o precursor dos patins de rodas modernos. Ele também abriu o primeiro rinque de patinação em Newport, Rhode Island, em 1866, para as "classes educadas e refinadas". A novidade chegou à Inglaterra por volta de 1880, quando se tornou uma atividade tão popular que cunhou um novo termo — "Rinquemania".

> O *hóquei sobre patins* é o esporte que mais cresce nos Estados Unidos, com aproximadamente *4 milhões* de praticantes.

Já nos Estados Unidos, a patinação sobre rodas viveu décadas de popularidade entre as décadas de 1920 e 1950, quando os rinques de patinação pontilhavam a paisagem urbana e rural, dando início ao ritual de patinação aos sábados. Crianças e adolescentes alugavam patins "públicos" que tinham a aparência e o odor de... bem, de patins públicos, enquanto eram obrigados a ouvir música de órgão.

---

* Este evoluiria para o *roller skater*, com dois pares de rodas verticais paralelas, que evoluiriam novamente para patins *in-line*, só que agora para designar quatro rodas alinhadas. (N. T.)

RODAS DA FORTUNA

Escorregando para longe

Os irmãos Olson adquiriram a patente da empresa Chicago Roller Skate Company. Scott ficou encarregado de marketing e vendas, enquanto Brennan tentava aprimorar os patins na oficina. Eles eram jovens e entusiasmados e Brennan era um craque com as ferramentas. Instalaram-se no porão da casa dos seus pais para criar um modelo mais forte e resistente de patins *in-line* com botas. Eles tinham à mão materiais modernos: botas de esqui em plástico leve, que proporcionam um suporte firme, rolamentos de aço duplos e rodas de poliuretano. Depois de algumas semanas e alguns contratempos, eles encontraram a combinação exata para a colocação de quatro rodas alinhadas. Eles chamaram a invenção de Rollerblade.

Os Olsons demonstravam seus patins correndo para cima e para baixo nas ruas do seu bairro em Mineápolis. Amigos praticantes de hóquei ficaram impressionados com a semelhança desses patins com os usados para patinação no gelo e encomendaram alguns pares como amostra. Logo, essa semelhança se espalhou boca-a-boca entre esquiadores nórdicos e alpinos, que adotaram o Rollerblade para treinamento.

> Mais de 40 empresas fabricam patins *in-line*, e seus preços variam de US$ 30 a US$ 600.

Sem experiência de negócios, a fábrica de fundo de quintal dos irmãos estava condenada. Em 1984 a empresa sofria da dupla maldição que atinge empreendimentos incipientes: capital insuficiente e desavenças fúteis. Em 1985 as vendas atingiram US$ 300 mil, mas o empreendimento estava perdendo dinheiro. Nesse momento eles decidiram vender a empresa.

RODAS DA FORTUNA

O mercador *in-line* de Veneza

Robert Naegele Jr., um empreendedor financeiro de Mineápolis adquiriu a Rollerblade, Inc. em 1985 por US$ 250 mil. Ele tinha grandes planos para a Rollerblade: pessoas patinando sobre a Grande Muralha da China, ao longo dos canais de Amsterdã e por todas as ruas e parques dos Estados Unidos.

Naegele precisava fazer uma publicidade estrondosa para inculcar o gosto por patins *in-line* no espírito americano da época. Ele se lembrou do passeio elevado de três quilômetros de extensão em Venice, Califórnia, onde todos iam se deliciar com as banhistas de biquíni e os levantadores de peso na Muscle Beach. Ele se lembrou de que o passeio de Venice abrigava os últimos negócios de aluguel de patins em funcionamento no país e atraía todos os programas das redes nacionais de televisão que queriam fazer uma matéria sobre o estilo de vida moderno dos californianos.

> Em 1992, a Mattel lançou a Baby Rollerblade, uma boneca de 15 cm com minipatins e uma linha da Barbie e seus amigos de patins.

Em 1986, Naegele voou para Los Angeles e distribuiu gratuitamente centenas de pares de Rollerblades para as lojas de aluguel de patins. Os proprietários ficaram reticentes inicialmente, tomando-o por um vendedor de patins, mas quando ouviam a proposta — ficar com os patins *in-line* e embolsar todo o dinheiro dos aluguéis —, perceberam que não tinham nada a perder. Depois de um ou dois meses, os patins *in-line* caíram nas graças do público. Os lustrosos Rollerblades de poliuretano rapidamente suplantaram os patins comuns na preferência dos esportistas.

RODAS DA FORTUNA

Muito dinheiro

Em 1991 a procura por Rollerblades superou a oferta. Para conseguir o capital necessário para a expansão e pesquisa, Naegele vendeu 50% de suas ações para a Nordica, a gigante das botas de esqui (e uma divisão da Benetton). Ele também estava apreensivo com a onda de novos concorrentes, geralmente imitações baratas.

Naegele teria vendido os restantes 50% do seu capital na Rollerblade para a Nordica em 1995, por US$ 150 milhões. O ex-presidente da fábrica de brinquedos Tonka Toys foi chamado em 1992 para dirigir a empresa e administrar em sua expansão internacional.

Ao efetuar a venda para Naegele, Scott Olson havia retido 1% dos *royalties* da Rollerblade. Até 1997, recebeu US$ 10 milhões pelas vendas. Ele fundou a Innovative Sports Systems, Inc., uma empresa dedicada a inovações em esportes, que fabrica os patins Kinetic e foi pioneira em Row Bike (bicicleta a remo) impulsionada pelos pés e mãos do usuário.

Brennan Olson continua na empresa como diretor de pesquisa. Ele detém cem patentes de patins e, desnecessário dizer, é um milionário. Ele sente um prazer especial com o fato de sua invenção ter popularizado um novo esporte e uma nova palavra em inglês: Rollerblading (patinação sobre rodas).

> A venda de patins *in-line* ultrapassou o US$ 1 bilhão no varejo. A Rollerblade controla 50% desse mercado.

24 LIMPEZA COMPLETA
DIRT DEVIL

Uma sábia escolha

Em 1981, John Balch queria que a Royal Appliance Company desempenhasse um papel importante no setor de aspiradores de pó, dominado pela Hoover e pela Eureka. O primeiro passo da Royal foi adquirir a Companhia P. A. Geyer, o mais antigo fabricante de aspiradores de pó dos Estados Unidos. O passo seguinte de Balch foi convidar Marc Wyse, um publicitário executivo de Cleveland, para divulgar a linha de produtos da Royal. O que chamou a atenção de Wyse foi um pequeno aspirador de pó portátil de plástico, com um nome banal: Royal Prince (príncipe real). Ele acreditava que o aparelho se beneficiaria com um nome melhor e, junto com a redatora Lisa Hughes, escolheu o nome "Bumble Bee" (abelhão), porque a parte do corpo do aparelho onde ficava o saco lembrava a forma do corpo de uma abelha. Mas Lisa Hughes rejeitou a idéia de uma abelha preta e amarela, acreditando que uma combinação de cores errada não seria atraente nas seções de aparelhos domésticos das grandes lojas de departamento. Sugeriu pintar o metal de vermelho-vivo, bem como um nome de fácil memorização associando a potência de sucção a um pequeno tornado: **Dirt Devil** (demônio da sujeira).

> O "dirt devil" é um *minúsculo tornado* que geralmente dizima campos e plantações no verão e primavera.

LIMPEZA COMPLETA

A grande varrida

A luta contra a poeira é eterna. As vassouras primitivas eram feitas de gramíneas ou de junco, e durante séculos a vassoura foi um método de limpeza eficaz. Mas quando Thomas Edison demonstrou as virtudes da eletricidade, foi criado um número enorme de dispositivos elétricos de uso doméstico. Em 1905, P. A. Geier, de Cleveland, inventou o primeiro aspirador de pó elétrico. Os primeiros modelos eram verticais e usavam escovas espirais e cabos agitadores que empurravam a sujeira para dentro dos sacos, que eram reutilizáveis (os sacos descartáveis apareceram muitos anos depois). Nos modelos cilíndricos desenvolvidos depois dos verticais, os componentes usados para a limpeza eram montados verticalmente, permitindo maior versatilidade. A sujeira e os fragmentos eram aspirados diretamente do tubo de sucção para dentro do aspirador, no saco de poeira.

> Para mais de 90% dos consumidores o nome Dirt Devil é uma marca reconhecida.

Como o diabo gosta

No início Balch ficou desconcertado com as sugestões da agência de publicidade com relação ao Dirt Devil. Mas quando examinou com atenção o balanço da companhia Royal Appliance, deu-se conta de que a empresa precisava apostar no produto. Outros competidores americanos, especialmente a Hoover, dominavam o mercado de aspiradores havia décadas. Na Inglaterra, o predomínio da Hoover é tão enraizado que o verbo "*to hoover*" significa "passar o aspirador de pó".

Balch e sua equipe examinaram cuidadosamente o desenho diabólico do logotipo do produto e se perguntaram se os consumidores americanos comprariam um aspirador portátil batizado em homenagem a Satã. Era hora de dar um salto de fé.

LIMPEZA COMPLETA

Na mosca

A Royal fez uma publicidade e promoção intensiva do produto. Balch estava disposto a arriscar tudo para fazer do Dirt Devil um nome nacionalmente reconhecido. Ele ampliou seus pontos de distribuição, antecipando a demanda. A empresa continuou vendendo em lojas de departamento regionais e conquistou as redes Kmart e Wal-Mart como clientes.

O Dirt Devil desempenhava mais funções que o aspirador comum e também do que o Dustbuster. Ele removia pêlos de animais domésticos de tapetes, limpava totalmente os interiores de automóveis, varria reboques e pequenos barcos e, com seu fio elétrico comprido e cerdas poderosas, era um equipamento útil para lavagem a seco ou com água.

> Os Schotts — atuais proprietários da Cincinatti Reds — mudaram o nome da empresa P. A. Geier para The Royal Appliance Manufacturing.

Para atrair compradores, a Royal estimulava as lojas a empilhar as caixas vermelho-vivas do Dirt Devil para formar colunas altas que chegassem até o teto. As vendas começaram a subir exponencialmente em 1984.

Expansão e contração

Em 1991, o faturamento com o Dirt Devil aumentou para US$ 273 milhões e o lucro líquido, que era de apenas US$ 1,8 milhão em 1987, saltou para US$ 32,8 milhões. A empresa aproveitou o sucesso do Dirt Devil e lançou outros pequenos aspiradores de pó, incluindo uma vassoura elétrica, um modelo leve, um filtro elétrico e um varredor.

LIMPEZA COMPLETA

John Balch mostrou-se hábil para promover sua empresa e a si mesmo. Ele e um adorável cão Golden Retriever, tornaram-se as estrelas de comerciais do Dirt Devil Hand Vac, exibidos por longo tempo. Ele acreditava firmemente em publicidade e despendia até 35% do orçamento de marketing com meios de comunicação e gostava tanto da idéia da publicidade, que repetia sempre uma história que teria acontecido com William Wrigley Jr., o magnata das gomas de mascar. Certa vez, ele estava num trem, quando foi interpelado por um amigo que lhe perguntou por que gastava tanto em publicidade, já que a sua marca era líder de mercado. Em resposta, Wrigley perguntou: "Qual é a velocidade deste trem na sua opinião?". O amigo respondeu: "Aproximadamente 150 quilômetros por hora". "Bem", disse Wrigley, "você acha que devemos desengatar a locomotiva agora?".

Depois de mais de dez anos apostando num produto de nome e logotipo envolto em controvérsias, Wyse e sua empresa conseguiram um reconhecimento de marca inimaginável para o Dirt Devil.

> Em 1991 Michael Andretti usou o nome Dirt Devil e a cor vermelho-brilhante no seu carro na corrida Indy 500. Andretti liderou as primeiras 85 voltas, o que gerou excelente publicidade para o aspirador.

25 BONEQUINHA DE LUXO
BARBIE

O poder de compra das garotinhas

Ruth Handler observou que sua filha Barbara brincava freqüentemente com bonecas de papel, fingindo que elas eram mulheres adultas, com carreiras fabulosas, que vestiam a roupa da última moda. Ruth Handler, vice-presidente na empresa de brinquedos Mattel pensou se não haveria mercado para uma boneca tridimensional "mais velha". Ela se lembrou que a Mattel havia adquirido a licença de uma boneca alemã chamada Lili, cujo corpo esguio lembrava o de Brigitte Bardot. Então se pôs a trabalhar para atualizar a aparência da boneca, escolheu-lhe uma profissão e um nome que era o diminutivo do nome de sua filha. Ruth Handler nunca imaginou que **Barbie** iria se tornar o brinquedo mais popular do mundo.

> A cada segundo *duas* bonecas Barbie são vendidas em algum lugar do mundo.

História de brinquedo

Por décadas a Feira de Brinquedos de Nova York, que ocorria anualmente, foi o lugar certo para lançar novos brinquedos para a temporada de vendas do Natal. O sucesso na exposição era recompensado com pedidos; já o fracasso representava o fim do negócio. Foi nesse evento, em 1959, que Ruth Handler jogou os dados com sua nova criação radical: Barbie, a Modelo Adolescente.

O ceticismo dos compradores de brinquedos do sexo masculino não foi surpresa. A boneca esguia com formas um tanto voluptuosas, vestia roupas de alta-costura. O guarda-roupa da Barbie era forrado com seda pura,

BONEQUINHA DE LUXO

botões de chifre em miniatura e zíperes que funcionavam. Sem mencionar os acessórios: chapéus, sapatos, luvas, entre outros. Os compradores questionavam se os pais se disporiam a gastar dinheiro com uma boneca cuja cabeleira loura e corpo provocante parecia qualquer coisa menos brincadeira de criança.

Mesmo que as vendas no primeiro ano fossem decepcionantes, Ruth Handler estava certa de que a Barbie representava a fantasia ideal de brinquedo para meninas. Ela não teve de esperar muito para reconhecerem que ela tinha razão. Graças, em parte, a uma campanha publicitária na televisão, as vendas no primeiro ano atingiram 350 mil bonecas; e, mais importante, no primeiro aniversário da Barbie, a Mattel havia vendido mais de 1 milhão de roupinhas.

> A extensa *árvore genealógica* da Barbie contém mais nomes do que a dos Windsor — e mais roupas também.

Exponencialmente sua

A Mattel estava exultante por a Barbie ter encontrado um segmento no lucrativo mercado de bonecas; na verdade, a empresa teve de dobrar a sua capacidade produtiva duas vezes nos dois primeiros anos. Para tornar sua criação ainda mais real, Ruth Handler decidiu que a Barbie deveria parecer uma garota comum, com uma profissão e passatempos normais. Embora as menininhas adorassem brincar de modelos, Ruth Handler reconheceu que essa carreira glamourosa estava fora do alcance da maioria das jovens.

Em 1961, dois anos após o nascimento da boneca, três novas Barbies foram lançadas: a Bailarina, a Enfermeira e a Aeromoça da American Airlines, esta última, uma hábil associação com a famosa companhia aérea. Com o passar dos anos — e até hoje — Barbie teve uma sucessão de profissões.

BONEQUINHA DE LUXO

E a cada nova encarnação, Barbie exibia seu novo guarda-roupa — *tailleurs*, blusões de neve, roupas esportivas, roupas de festa, junto com uma infinidade de acessórios.

Com a febre da boneca Barbie a todo vapor, Ruth Handler arriscou outra criação: deu à Barbie uma família, amigos e animais de estimação. Em 1961, foi lançado Ken, um pretendente; ele era a perfeita contrapartida masculina da loura. As menininhas adoraram o Ken e exigiam ainda mais bonecos.

> Quando o Ken foi lançado, a região entre as suas pernas era igual à da Barbie. Depois, ele ganhou uma "pequena protuberância".

Midge, a melhor amiga, apareceu logo (1963), seguida por Skipper, a irmã mais nova da Barbie (1964). Midge casou-se com Allan em 1964. Skipper fez amizade com Ricky e Skooter em 1965. Francie, a prima de Barbie (1966), foi a primeira boneca a representar o estilo de uma época. E Christine (1968) foi uma das primeiras bonecas negras. Dancer, o cavalo (1970), foi o primeiro de uma série de animais de estimação.

Para a Mattel, as possibilidades pareciam ilimitadas. Ao longo das décadas de 1970, 1980 e 1990, Barbie e seus acessórios seguiram a evolução do estilo de vida, da moda e das profissões femininas. Até hoje, a Barbie já teve mais de 400 profissões e mais de 500 mudanças de visual.

Uma boneca, um mundo

Desde que foi lançada, a Barbie tem sido uma boneca que rende dinheiro para a Mattel, tendo faturado mais de US$ 1 bilhão em 1995. Mais de 1 bilhão de bonecas Barbie e família foram vendidas em 140 países e 1 bilhão de modelos de roupa foram desenhados desde 1959. As vendas mundiais atingem meio milhão de Barbie por semana! E

BONEQUINHA DE LUXO

seu sucesso não se limita à Mattel, beneficiando os muitos licenciados que fabricam acessórios Barbie, aparelhos eletrodomésticos, produtos de beleza e saúde, brinquedos e jogos. Mesmo com a cultura acelerada de hoje, existe a Barbie My Fair Lady, completa, com todos os acessórios do musical da Broadway, a Ocean Magic Barbie, completa, que inclui Keiko, a baleia assassina de *Free Willy*.

Barbie também se tornou um artigo de colecionadores. As primeiras Barbies, em condições impecáveis, chegam a alcançar US$ 5 mil. A cada ano, mais shows e convenções são realizados para atender ao crescente fenômeno retrô. Em 1994 a Mattel lançou a coleção Nostalgic Barbie e relançou a popular Enchanted Evening Barbie (Barbie Noite Encantada).

O futuro? Bem, ninguém ficaria surpreso se uma Barbie Jornada nas Estrelas planejasse "ir corajosamente" até onde nenhuma ousou ir anteriormente, levando junto sua Tricorder e Phaser a bordo da nave Enterprise. Seria esta a primeira viagem espacial da intrépida loura? Não, erramos de longe; esse privilégio foi da Barbie Astronauta, nos idos de 1965.

26 UMA COLHER CHEIA DE AMOR
JELL-O

A esposa esperta

Em 1899, Pearl Wait decidiu vender sua empresa de gelatina instantânea, para um vizinho de Nova York chamado Orator Woodward. Depois de anos de esforço incansável, Wait não havia conseguido ingressar no mercado nacional de alimentos industrializados. No dia da venda os dois mencionaram Peter Cooper, o homem que havia inventado Tom Thumb, o nome carinhoso da mais famosa locomotiva a vapor do século XIX. Ambos sabiam que em 1845 Cooper também havia requerido a primeira patente de gelatina instantânea para sobremesa. Wait havia adaptado a receita de Cooper adicionando sabores de frutas — como muitas outras pequenas empresas de gelatina. Enquanto assinavam o contrato, Wait sugeriu a Woodward que mantivesse o nome com o qual sua esposa May havia batizado a marca: **Jell-O**.

> Estima-se que haja 1.800 diferentes *receitas* com Jell-O

Pearl em perigo

Ninguém sabe ao certo por que Cooper, um inventor de locomotivas e outros engenhos mecânicos de grande porte, teria patenteado a gelatina instantânea. Em 1845, Cooper não fez nada para divulgar sua sobremesa rápida, sobre a qual escreveu: "Basta adicionar água quente para dissolvê-la, despejá-la em fôrmas e esperar que esfrie".

Cinqüenta anos mais tarde, a patente de Cooper chamou a atenção de Pearl Wait em LeRoy, Nova York, uma cidade próspera a sudoeste de Rochester. Wait e sua esposa fizeram incontáveis testes com gelatina de

UMA COLHER CHEIA DE AMOR

Cooper, mas todas tinham um sabor pouco atraente — até que resolveram adicionar sabores de frutas. May também resolveu fazer um trocadilho com a palavra "gelatina", para associá-la a "jelly", geléia, que evocava algo feito em casa e com frutas. Ela esperava que o nome se destacasse dos conhecidos concorrentes da sobremesa de gelatina: Knox e Bro-Mon Gel-On. Os Waits patentearam o nome Jell-O em 1897.

Wait não tinha experiência de distribuição e mercado, e assim vendia o produto de porta em porta. Depois de dois anos esquadrinhando a pé a área, ele se deu conta de que não tinha nem capital e nem tempo para continuar. Contatou o principal produtor de alimentos industrializados da cidade, Orator Francis, e lhe vendeu a empresa por US$ 450 — o suficiente para construir uma casa ampla para ele e sua família em Leroy.

> Norman Rockwell criou anúncios impressos da Jell-O, em seus primórdios.

Loucos por Jell

Orator Francis Woodward havia feito fortuna fabricando produtos de gesso: alvos para prática de tiro-ao-alvo e "ovos-de-paris" (ovos de gesso que, colocados junto aos ovos que as galinhas iam chocar, matavam os seus piolhos). Com os lucros dessa empresa, ele fundou a Genesee Pure Food Company, que tinha dois produtos: um cereal chamado It, que desapareceu sem deixar vestígios no mercado, e uma bebida quente descafeinada, derivada de cereal chamada Grain-O, relativamente bem-sucedida.

No primeiro ano as vendas de Jell-O foram tão frustrantes, que Woodward ofereceu a marca para o gerente da fábrica por US$ 35. O empregado recusou exatamente porque a Jell-O era um fracasso de vendas. Um ano depois, em 1900, a marca começaria a "pegar" vagarosamente.

UMA COLHER CHEIA DE AMOR

Em 1902, Woodward lançou a primeira campanha publicitária da Jell-O, no *Ladies Home Journal*, que mostrava uma mulher com um avental engomado apresentando a Jell-O como a "sobremesa mais famosa dos Estados Unidos". Esta foi a primeira aparição da "garota Jell-O", que seria um padrão da empresa até 1949. As variações do anúncio sempre concluíam com um *slogan* do tipo: "você não pode deixar uma criança ficar sem ela", e um lembrete que Jell-O era rápida e fácil de preparar.

Para expandir a marca, Woodward pagava regiamente os desenhistas dos anúncios, que eram feitos pelos melhores ilustradores do país, incluindo Maxfield Parrish, Cole Phillips, Norman Rockwell e Rose O'Neill. Posteriormente, Frank Baum, autor de *O Mágico de Oz*, escreveu um livro infantil da Jell-O. Em 1904, quando Woodward publicou seu primeiro livreto de receitas, foi surpreendido com um pedido de 250 mil exemplares. O seu segundo livro de receitas foi publicado em inglês e em mais cinco línguas, para que os milhões de imigrantes pudessem fazer uma receita que era anunciada como "Delicada. Elegante. E deliciosa".

> Jell-O tambem é considerada responsável pela "democratização da sobremesa", porque todas as classes socioeconômicas têm acesso a ela.

Graças aos anúncios, aos livros de receita e à facilidade com que a embalagem vermelha e branca podia ser encontrada, as vendas atingiram US$ 1 milhão em 1906. A produção de Grain-O foi interrompida e a empresa dedicou todos os seus esforços à Jell-O. Infelizmente, tanto Woodward quanto Wait, morreram naquele ano.

Em 1923, a Companhia Genesee Pure Food mudou seu nome para Companhia Jell-O, para proteger a marca anunciada nacionalmente e evitar que ela se transformasse em um nome genérico. As vendas anuais superavam os US$ 65 milhões.

UMA COLHER CHEIA DE AMOR

A Jell-O cresce

A Jell-O, com sua linha de "produto único" bem-sucedido, juntou-se a um dos concorrentes das bebidas Grain-O, a Companhia Postum, fabricante do Grape Nuts Flakes (flocos de amêndoas e passas) e o popular substituto de café Postum. Esta união formaria o núcleo da mega-empresa de alimentos industrializados, a General Foods (GF).

Sob a bandeira da GF, a Jell-O continuou a prosperar. O pudim Jell-O foi lançado regionalmente em 1932 e nacionalmente em 1937. Por dez anos, de 1934 a 1944, ambos patrocinaram um popular programa de rádio noturno, o *Jack Benny Sunday*, que terminava com um famoso jingle, que soletrava "J-E-L-L-O". As vendas do produto dobraram de 1941 a 1950.

Em 1957 a produção anual de ambos produtos Jell-O atingiu mais de 250 milhões de caixas. A GF encerrou as atividades do centro de produção de Leroy em 1964, e, talvez para se desligar simbolicamente de suas origens, a embalagem foi modificada pela primeira vez.

No início de 1970, as vendas da gelatina Jell-O começaram a declinar. As pesquisas indicaram que as mulheres com menos de 35 anos, que trabalhavam fora, queixavam-se de que preparar a Jell-O era demorado.

> 99% dos americanos reconhecem a marca Jell-O. Ela está presente em 64% de todos os lares americanos e vende mais de 500 milhões de caixas a cada ano. A cada quatro segundos é vendida uma caixa.

Essa geração afluente do pós-guerra foi criada à base de pratos rápidos, que exigiam pouca ou nenhuma preparação. Entre essas mulheres e suas mães e avós, que por mais de 80 anos se orgulharam de suas criações originais, com a gelatina Jell-O, havia uma enorme distância.

UMA COLHER CHEIA DE AMOR

Em 1987 a GF contratou o popular ator e comediante Bill Cosby, que desde 1974 anunciava o pudim, para fazer a publicidade da gelatina também.

Um século de Jell-O

A GF reagiu com uma dupla estratégia; por um lado procurou atingir o seu antigo mercado, utilizando um marketing de receitas de sobremesas tradicionais, e por outro voltou-se para as gerações mais jovens, reposicionando a sua marca em produtos como salgadinhos. Em 1990, os Jell-O Jigglers foram lançados.

O centenário da Jell-O ocorreu em 1997, e na cidade de Leroy houve uma festa que durou três dias. Na Sociedade Histórica da cidade, os visitantes puderam ver receitas antigas, embalagens e outros documentos referentes aos primórdios da gelatina. Fotografias da família Woodward também estavam expostas. Os turistas puderam passear de automóvel pelas oito casas construídas por Pearl Wait, monumentos ao homem que usando a receita de outra pessoa e a engenhosidade da esposa, criou a sobremesa mais famosa dos Estados Unidos: Jell-O.

> Os quatro sabores originais da Jell-O eram morango, framboesa, laranja e limão. Desde então mais 18 sabores foram acrescentados, incluindo manga, abacaxi e melão.

27 A CANETA ONIPRESENTE
BIC

A revolução francesa

Em 1948, Marcel Bich teve uma idéia revolucionária: uma caneta sem o cilindro de tinteiro, de plástico, com ponta esférica e barata — a caneta esferográfica. O objetivo desse barão italiano que emigrara para a França era derrubar as caríssimas canetas-tinteiro de ouro e cromo. Seu interesse pelas canetas esferográficas havia sido despertado por soldados americanos que usavam essas canetas durante a guerra. Embora não fosse inventor, Bich previu o potencial de mercado para um instrumento de escrita preciso produzido em massa. Mantendo a tradição de epônimos para fábricas de caneta, como haviam feito os magnatas Schaffer e Waterman, ele daria à sua companhia o seu nome. Dez anos depois o futuro milionário, Baron Marcel Bich, podia afirmar orgulhosamente: "Le stylo c'est moi" (a caneta sou eu), **Bic**!

> A ponta esférica que escreve, e que caracteriza a esferográfica, havia sido patenteada em *1888* por John Loud, que *não lucrou* nada com o invento.

Pontos finais

Em museus, lojas de antiguidades e porões, ainda podem ser encontradas as velhas carteiras de madeira escolares, com uma cavidade para encaixar um tinteiro. Elas são um testemunho das décadas anteriores a 1950, quando as únicas alternativas às caras canetas-tinteiro eram penas de metal baratas, encaixadas numa estrutura de madeira que parecia um lápis. Todo garoto, ou garota, sonhava que, quando entrasse no colegial, uma tia rica lhes daria de presente a tão necessária caneta-tinteiro.

A CANETA ONIPRESENTE

A idéia de uma pena que dispensasse o vidro de tinta desafiou os inventores por muito tempo. A dificuldade era encontrar um receptáculo interno inteiramente adequado para conter o líquido. Inicialmente um cartucho de tinta esguio foi encaixado dentro de um tubo, e um botão com sistema de molas empurrava a pena e a recolhia para dentro do tubo.

As novas canetas com pontas esféricas, as esferográficas, causaram tanta sensação que quando a loja de departamentos Gimbels lançou um modelo de US$ 12,50 em 1945 — uma soma astronômica na ocasião —, os clientes fizeram fila para vê-la.

> Diariamente são vendidas *15 milhões* de canetas Bic. Isto equivale a US$ 5.475 bilhões por ano.

Mas as esferográficas do início da década de 1950 eram problemáticas, porque precisavam ficar perpendiculares ao papel, para a tinta poder deslizar suavemente para baixo. Um outro obstáculo era que a tinta freqüentemente se solidificava antes de chegar à ponta. E elas faziam muita sujeira, manchando papel, dedos e roupas.

Uma palavra: plástico

Marcel Bich começou a transformar seu sonho em realidade em 1945, no esqueleto de uma fábrica abandonada. Inaugurou uma próspera empresa que produzia peças para canetas-tinteiro e lapiseiras. Com os lucros que obteve, deu dois passos importantes para conseguir lançar uma linha de canetas esferográficas baratas: adquiriu um maquinário de precisão suíço, que era capaz de trabalhar o metal com a espessura de até um milésimo de milímetro, e optou por plástico para o corpo das canetas.

Bich amealhou uma pequena fortuna fornecendo a fabricantes de canetas esferográficas da Europa seus tubos de plástico, mas considerava o

A CANETA ONIPRESENTE

produto deles de qualidade inferior. Ele sabia que era capaz de produzir e colocar no mercado uma caneta de qualidade superior a um preço muitas vezes menor, e, em 1949, produziu uma caneta de longa durabilidade que escrevia uniformemente e que era confiável.

Em seguida, Bich lançou uma campanha publicitária na França, que foi muito premiada e que acabou abrindo o caminho do seu futuro sucesso mundial, especialmente nos Estados Unidos. Ele apresentou a Bic com um *slogan* simples, porém eficaz: "A esferográfica da Bic escreve e escreve". Os consumidores se entusiasmaram com uma caneta barata, que possuía um ótimo desempenho.

Bich rico

Vender 42 milhões de canetas anualmente na Europa poderia ter deixado Marcel Bich satisfeito. Mas este gênio comercial não iria descansar antes de "fazer a América". Então, em 1959, ele adquiriu a empresa de canetas Waterman, de Seymour, Connecticut e deu início à operação americana de canetas esferográficas.

As pesquisas mostravam que o consumidor americano não estava satisfeito com as canetas esferográficas disponíveis e, além disso, duvidava que qualquer coisa que custasse 29 centavos funcionasse bem. Mais uma vez Bich recorreu à publicidade e criou outra campanha memorável. Ele comprovou o seu *slogan* "Escreve sempre como da primeira vez", com algo que ficou conhecido como "testes de tortura", em que mostrava que a Bic podia ser disparada de um rifle, atada a um patim de gelo e até ser rodada numa furadeira — e continuar funcionando! Os americanos se converteram.

> Em 1953 eram vendidas 10 mil unidades por dia de esferográficas da Bic na França. Três anos depois esses números chegaram a *350 mil* por dia.

A CANETA ONIPRESENTE

A defesa francesa

Talvez Marcel Bich tenha se cortado alguma vez usando uma lâmina de barbear Gillette. Isto explicaria sua determinação de competir com a linha de barbeadores e isqueiros descartáveis, canetas esferográficas e corretivo líquido, comercializados pela Gillette.

A empresa de Boston, que King C. Gillette havia tornado bem-sucedida, viu-se atacada por todos os lados por este francês recém-chegado. Quando a Gillette lançou no começo da década de 1970 o Cricket, o primeiro isqueiro descartável, a Bic desafiou-a com seu próprio isqueiro descartável, na memorável campanha *Flick my Bic* ("acenda a minha Bic"). No fim da década, a Gillette se rendeu e retirou o Cricket do mercado.

> Atualmente a Bic detém 60% do mercado de canetas esferográficas.

A Bic e a Gillette se encontraram novamente numa guerra de mercado, desta vez por conta de barbeadores descartáveis. As armas foram a Gillette Good News e a Bic Shavers, e elas lutaram muito por este segmento emergente do mercado: aparelhos de barbear que eram jogados fora após o uso. Foram gastos milhões de dólares em promoção nesta rixa, cada empresa controlando aproximadamente metade do mercado. Em 1992 a Bic adquiriu a Wite-Out Products, para competir com o Liquid Paper da Gillette no mercado dos corretivos líquidos.

O nobre da caneta

Marcel Bich tornou-se multimilionário e recebeu as maiores condecorações francesas concedidas a empreendimentos comerciais. Seu desejo de ser bem-sucedido nos Estados Unidos foi além do

A CANETA ONIPRESENTE

mercado. Ele se inscreveu diversas vezes na America's Cup, na categoria 12 metros, uma corrida que acontece anualmente em Newport, Rhode Island. Ele nunca venceu o evento, mas todos que competiram contra ele reconheceram que o genial barão era um verdadeiro esportista. Ele morreu em 1994, deixando atrás de si um gigantesco conglomerado no mundo todo que conseguiu colocar os produtos Bic em bolsas, bolsos e pastas de todos.

28 A COR DO DINHEIRO
CLAIROL

Cuidar de cabeleira transforma em herdeira

Em 1931, Lawrence Gelb, um químico profissional e homem de negócios de Nova York, viajou para Paris em busca de um produto que valesse a pena importar para os Estados Unidos. Ele viajou acompanhado da mulher, Joan, e de dois filhos pequenos. Lá, uma pequena empresa chamada Mury, que produzia um preparado para tingir cabelos, chamou a atenção de Gelb. Diferente de outras tinturas que apenas cobriam os fios, esta penetrava neles, o que criava tonalidades mais naturais e duradouras. Ainda em Paris, ele e sua mulher visitaram salões de cabeleireiros para ver o produto da Mury aplicado e perceberam que muitas das mulheres que iam ao salão para colorir os cabelos tinham idade entre 30 e 40 anos. Gelb percebeu que o processo de coloração de Mury valia o investimento de US$ 200 pela fórmula. Em 1938, ele acabou comprando os direitos da patente do inventor alemão por US$ 25 mil e decidiu manter o nome, que era um termo adaptado do francês para cor clara: **Clairol**.

> A vitrine da Saks, na Quinta Avenida, expôs uma série de perucas tingidas com Clairol.

Uma pincelada na história das tinturas

Os primeiros ingredientes usados para mudar a cor dos cabelos eram extraídos de óleos vegetais, henna e até de gordura animal, apesar de Meander, um dramaturgo de Atenas, do século IV, ter escrito: "Os raios de sol são o melhor meio para clarear os cabelos, como sabem os nossos homens". Os homens da Saxônia, Inglaterra, por sua vez, tingiam

A COR DO DINHEIRO

seus cabelos passando pós nas cores azul, vermelha, verde e laranja; já os gauleses eram a favor de tinturas avermelhadas, a exemplo da rainha Elizabeth, cujos cachos eram de um vermelho bem vivo.

Por outro lado, no início do século XX, nenhuma senhora americana respeitável ousaria tingir os cabelos. Mesmo nas frenéticas décadas de 1920 e 1930, o visual "louro platinado" estava reservado para estrelas de cinema ou do teatro de variedades. Entretanto, a atitude puritana do público, em relação à mudança de cor do cabelo não impediu que os salões de beleza oferecessem o serviço clandestinamente: colocavam-se cortinas no fundo do salão, de forma que as mulheres podiam entrar e sair no anonimato. Devido a essa natureza clandestina, não se seguia nenhum padrão de qualidade, e o resultado desses tingimentos, em geral cores fracas e acobreadas, era incerto. Pior ainda, as mulheres podiam perder seus cabelos por causa de reações químicas adversas.

> A atriz René Russo começou sua carreira como modelo posando para o anúncio do condicionador Long and Silky da Clairol.

Salões de sucesso

Felizmente para Gelb, esses salões de beleza estavam à procura de produtos melhores para a sua clientela e receberam com entusiasmo os seus ingredientes franceses. No final do primeiro ano, o faturamento da Clairol foi de US$ 80 mil; no ano seguinte duplicou e no terceiro ano saltou para US$ 400 mil. Joan, a mulher de Gelb, usava o pseudônimo "Joan Clair" para responder a perguntas a respeito do produto, que eram feitas por cabeleireiros. Como uma pessoa que usava o produto, ela era a representante ideal para apregoar a superioridade da Clairol.

A COR DO DINHEIRO

Gelb decidiu montar um laboratório para desenvolver e aperfeiçoar produtos destinados aos cuidados capilares e contratou o famoso bioquímico austríaco Bernard Lustig para realizar os primeiros estudos sobre cabelos e tingimento. Nesse laboratório a Clairol iria produzir a brilhante idéia que acabou rendendo bilhões de dólares: a coloração feita em casa em uma única etapa.

Um novo produto chamado de Miss Clairol Hair Color Bath (banho para colorir os cabelos Miss Clairol) foi criado no início dos anos 1950. Em forma de xampu, ele clareava, tingia e condicionava os cabelos, num único processo que levava 20 minutos. Isso lançou a Clairol no mercado nacional e permitiu que as mulheres tingissem seus cabelos com privacidade.

> Os gregos antigos clareavam seus cabelos passando pólen moído, farinha amarela ou ouro em pó.

Mas um produto diferente acabaria abrindo as portas de uma nova era para tratar os cabelos feitos em casa: o Toni Home Permanent Wave (ondulação permanente Toni). Além de nome tipicamente masculino, Toni é o mais prestigioso prêmio de teatro dos Estados Unidos.

Levando um Toni para casa

No final da década de 1940, o Toni Home Permanent Wave foi lançado com uma campanha publicitária, cujo bordão se tornou um clássico: "Qual das gêmeas está com o Toni?". Fotos exibindo duas gêmeas lindas, com penteados idênticos, desafiavam o leitor a descobrir qual fora a um salão de beleza e qual usara o sistema capilar Toni em sua casa.

Um rival da Clairol, um produto para tingir cabelos chamado Tintair ("A natureza nem sempre acerta, o Tintair sempre") seguiu o exemplo da Toni e começou a vender um produto para cabelos de uso doméstico.

A COR DO DINHEIRO

Essa empresa gastou uma grande soma em propaganda e conseguiu atrair usuários novos. Mas, a Tintair não conseguia cumprir as suas promessas e durou apenas dois anos. Ela forçou, entretanto, a administração da Clairol a abrir os olhos.

Ela fez ou não fez?

A tarefa recebida pela redatora de publicidade Shirley Polykoff, da Foote, Cone & Belding, foi criar uma campanha em mídia impressa que chamasse a atenção das leitoras do sexo feminino e as estimulasse a comprar Miss Clairol. A sua fala, agora famosa "Ela fez ou não fez?" evocava a pergunta provocativa do Toni, mas deu um passo além, oferecendo uma resposta: "Somente seu cabeleireiro sabe com certeza".

Com o passar dos anos, redatores publicitários criariam outras frases memoráveis da Clairol, como a: "Se eu tiver apenas uma vida, quero vivê-la como loura!";"Quanto mais perto ele chega, melhor fica a sua aparência". E o clássico: "Você não está ficando mais velha. Você está ficando melhor".

Herdeiros aparentes

Em 1959 a Bristol-Meyers adquiriu a Clairol por US$ 22,5 milhões. Essa se mostrou uma sábia união. A Bristol-Myers manteve a família Gelb dirigindo a empresa com autonomia e ao mesmo tempo propiciou uma ampliação da rede de vendas e distribuição para os produtos Clairol.

> Em 1950 apenas *7%* das mulheres tingiam o cabelo; hoje *75%* o fazem.

A COR DO DINHEIRO

As vendas da Clairol atingiriam a marca de US$ 1 bilhão em 1995. A empresa lançou em 1996 uma bem-sucedida linha de produtos domésticos, e, em 1970, uma linha de xampus perfumados. Ainda assim, o grosso do faturamento vem de tinturas de cabelo. Um retorno nada desprezível para um investimento de US$ 200.

> A primeira tentativa coroada de êxito de fabricar e comercializar uma tintura de cabelo segura foi feita em 1909, quando um químico francês de nome Schuller fundou a French Harmless Hair Dye Company (Companhia Francesa de Tintura Segura de Cabelos). Um ano depois Schuller mudou o nome da companhia para L'Oreal.

29 ALGUNS PREFEREM QUENTE
MOLHO TABASCO

O sal da terra

Em 1818, Daniel Dudley Avery adquiriu um lote de terra para produzir sal, perto do rio Vermilion, no sul da Luisiânia. Em 1859, a filha de Avery, Eliza, casou-se com Edmund McIlhenny, um gourmet boa-vida que veio de Maryland. Em 1863, durante a guerra civil, o jovem casal decidiu abandonar a produção de sal na ilha e fugir para o Texas, para evitar o encontro com o exército da União. Eles voltaram no fim da guerra para encontrar a fábrica de sal em ruínas — com a exceção de uma roça de legumes resistentes. McIlhenny percebeu que as pimentas vermelhas mexicanas do gênero *Capsicum* não apenas haviam sobrevivido, como também estavam mais viçosas. Ele começou a experimentar diversos molhos de pimenta e acabou encontrando uma combinação perfeita de pimentas vermelhas maduras, sal da ilha Avery e vinagre francês. Depois de envelhecer o preparado por 30 dias, a mistura foi coada e embalada em garrafinhas vermelhas de gargalo estreito e fechadas com rolhas, que por sua vez eram seladas com cera verde. McIlheny começou a vender o seu molho condimentado da ilha Avery. Para homenagear as origens, ele deu um nome ao molho, que é o nome da cidade mexicana de onde as pimentas vieram originalmente: **Molho Tabasco**.

> Hoje em dia, em todas as refeições do exército americano, é acrescentado um saquinho de Molho Tabasco.

ALGUNS PREFEREM QUENTE

Boom do pós-guerra

A comida era escassa nos estados sulistas após a guerra e o molho picante Tabasco realçava o sabor de pratos impalatáveis. Em 1868, a garrafinha havia se tornado tão popular na Luisiânia, que era chamada de "o famoso molho feito pelo Sr. McIlhenny", e ele decidiu expandir as vendas. Em 1869, enviou 350 garrafas para os atacadistas de comida mais conhecidos do Leste. Para sua surpresa, mesmo com o apimentado preço de US$ 1 por garrafa no atacado, os pedidos não paravam de chegar.

Sua fórmula original foi patenteada em 1870. Logo o molho começou a aparecer nas mesas de restaurantes finos e em casas de *gourmets* exigentes. A garrafinha vermelha brilhante se tornou uma imagem comum, com cartazes de promoção maciçamente colocados em milhares de portões de armazéns espalhados por todos os Estados Unidos.

> O Molho Tabasco é envelhecido em tonéis de *carvalho branco* por três anos.

Edmund McIlhenny morreu em 1890. A administração da vibrante empresa de propriedade familiar continuou sob a criativa liderança do seu filho John, que contratou uma companhia de teatro para percorrer o país encenando "A Ópera Burlesca do Tabasco". Alguns anos depois seu irmão Paul narrou essa aventura no Clube Hasty Pudding de Harvard e o grupo pediu autorização para usar o nome Tabasco numa revista musical. Os irmãos McIlhenny ficaram tão impressionados com o desempenho da peça no clube, que a levaram para um palco da cidade de Nova York onde amostras grátis de Tabasco eram distribuídas.

Com a eclosão da Guerra Hispano-Americana, em 1898, John se alistou na Primeira Cavalaria de Voluntários, conhecida como os Cavaleiros Ousados de Teddy Roosevelt, e participou da famosa Carga contra San Juan Hill. Quando Alice Roosevelt, a filha mais velha de Teddy, visitou a

ALGUNS PREFEREM QUENTE

ilha Avery, um jantar de gala foi oferecido em sua homenagem. As mesas, as cadeiras e uma estátua da mulher de Ló foram esculpidas em sal.

Bloody Mary é o coquetel favorito

Ned Avery McIlhenny, filho de John, assumiu a empresa no início de 1900. Nos 30 anos seguintes, o Molho Tabasco se tornaria um sucesso internacional. Na Bélgica ele era usado no *filet americain* (bife tártaro). Os italianos o misturavam com azeite de oliva para cozinhar o macarrão. No Oriente Médio ele era adicionado ao falafel e ao tabule. Mas na França, um feliz acaso iria impulsionar as vendas nos Estados Unidos a níveis recordes.

Fernand Periot era *barman* no Harry´s New York Bar de Paris na década de 1920, o reduto favorito de escritores americanos expatriados, inclusive Ernest Hemingway. Periot foi a primeira pessoa a misturar uma bebida contendo vodca, molho de tomate, sal, pimenta, molho de limão, molho inglês e pimenta caiena. Diz-se que ele deu o nome ao preparado inspirado na rainha Maria Tudor da Inglaterra, à qual a execução de dissidentes religiosos valeu a alcunha de *Bloody Mary*, Maria, a sanguinária.

Em 1934 o afamado hoteleiro Vincent Astor contratou Pierot para trabalhar em Nova York, no famoso King Cole Bar do Hotel St. Regis. Astor rebatizou o drinque de Periot como "Red Snapper" (estalo vermelho),

> A cada ano, 100 mil turistas visitam a ilha Avery para ver a fabricação do Molho Tabasco. As minas de sal da ilha Avery se estendem a uma profundidade de 15 mil metros abaixo da superfície terrestre.

achando que o nome original pareceria excessivamente repulsivo aos sofisticados nova-iorquinos.

ALGUNS PREFEREM QUENTE

Os *barmen* descobriram que o Bloody Mary ficava ainda melhor com algumas gotas de Tabasco em 1950. No final da mesma década, uma bem-sucedida campanha de pôsteres da Smirnoff retratando o ator George Jessel popularizou o Bloody Mary. Tabasco e os *brunches* dominicais nunca mais foram os mesmos.

Nenhuma pimenta-vermelha pode superá-lo

A popularidade do Molho Tabasco (vendendo mais que todas as outras marcas de pimenta-vermelha juntas) pode ser atribuída à quantidade de ardor provocada, usando-se apenas algumas gotas. Na escala de graduação Scoville Heat Unit, que mede o ardor de uma pimenta em unidades de pungência, as pimentas *Capsicum* alcançam valores da ordem de 50 mil unidades, enquanto as caienas alcançam apenas 30 mil. Em forma de molho, a Tabasco atinge entre 9 mil e 12 mil — significativamente mais forte do que as 1 mil a 3 mil unidades alcançadas pelos molhos caiena.

Cozinheiros e *barmen* consideram que ¼ de colher de chá de Tabasco correspondem a ¾ de colher de outras marcas de molho picante, a ½ colher de chá de grãos de pimenta preta ou branca moídos, ou a uma pitada de pimenta caiena. E com menos de 2% de sal, o molho tem conteúdo de sódio quatro vezes menor do que outros molhos picantes — e é *kosher*.

> Internacionalmente, o uso mais incomum do Molho Tabasco ocorre no Japão, onde ele é salpicado sobre pizza.

ALGUNS PREFEREM QUENTE

Homem de família

O atual presidente da companhia Tabasco é Edward McIlhenny Simmons, o bisneto materno do fundador e um biólogo profissional. As pimentas ainda são colhidas usando-se um bastão, chamado de *petit baton rouge*, cuja cor vermelho-brilhante serve de padrão para determinar a maturidade das pimentas. Devido à enorme demanda por Tabasco, 90% das pimentas usadas no molho provêm da América do sul e Central.

> O famoso marechal-de-campo *lord Kitchener* levou uma garrafa de Molho Tabasco para Kartum, na África, na guerra contra as tribos nativas que ficou famosa no filme *Quatro Penas*.

A ilha Avery dá as boas-vindas a mais de 100 mil visitantes por ano. Eles vêm para ver a exuberante flora nativa da ilha, chamada de Jungle Gardens, e se encantar com a represa de 35 acres chamada de "Bird City", para onde diversas variedades de garças migram para acasalar. Muitos deles visitam a Tabasco Country Store onde produtos Tabasco, incluindo molhos quentes, condimentos variados e artigos de presente estão sempre generosamente estocados. Certamente, o campeão de vendas é uma garrafinha com "o famoso molho feito pelo Sr. McIlhenny".

> Dos livros de receitas do Molho Tabasco, os mais incomuns são *O livro de receitas de rações Charley* e *Nenhuma comida é boa demais para o homem na linha de frente*.

30 A FEBRE DA MOLA
SLINKY

História de brinquedo

Depois que Richard James graduou-se em engenharia mecânica pela Penn State, foi trabalhar no Estaleiro Cramp da Filadélfia. Isto aconteceu em plena Segunda Guerra Mundial e sua função era testar a potência dos navios de guerra, usando um instrumento chamado de medidor de torção. Certo dia um repentino e inesperado solavanco do navio fez a mola de torção saltar da mesa e cair no chão, dando várias voltas. James apanhou a mola e pensou que ela daria um bom brinquedo para crianças. Nos dois anos seguintes, James fez experimentos, basicamente variando as espessuras e graus de tensão do arame, até chegar a uma combinação que permitia fazer a mola "andar". Ele então pediu à sua esposa, Betty, que batizasse a curiosa geringonça. Ela folheou o dicionário procurando o nome perfeito para descrever a ação daquele arame. Encontrou uma palavra, com a seguinte definição: "macio e sinuoso ao se movimentar": **Slinky**.

> A fabricação de Slinkys já consumiu 50 mil toneladas ou 4,5 milhões de quilômetros de arame.

A Gimbel's não avisou à Macy's

Depois de patentear a engenhoca em 1945, os James tomaram US$ 500 emprestados para financiar a fabricação de 400 protótipos, por uma empresa local. A invenção de arame era difícil de vender. Como Betty James comentou posteriormente: "Um Slinky exposto numa prateleira realmente não desperta muito entusiasmo... dá a sensação de uma mancha".

A FEBRE DA MOLA

Eles constataram que seria necessária uma demonstração nas lojas para dar idéia do espírito do brinquedo. Mas, como eram inventores totalmente desconhecidos, foram esnobados pelos varejistas da Filadélfia. Já era final de novembro e o Natal estava próximo. Sem vendas, as recém-formadas Indústrias James iriam à falência. Eles já estavam implorando por compradores quando, finalmente, um negociante de brinquedos da loja de departamentos Gimbel's, provavelmente por pura pena, ofereceu ao casal um pouco de espaço no final do balcão da seção de brinquedos.

Na noite da apresentação do seu brinquedo, os James combinaram que seria melhor que Richard fosse sozinho preparar o ambiente. Posteriormente, Betty e uma amiga chegariam, fingindo estar entusiasmadas com a idéia de adquirir um Slinky. Quando Betty e sua amiga entraram na seção de brinquedos da loja, elas viram uma enorme multidão gritando e mostrando dólares. Elas tinham certeza de que se tratava de outro fabricante de brinquedos que devia ter usurpado o espaço que seria do Slinky. Mas conforme iam se aproximando, viram Richard todo atarefado tentando acalmar os compradores, todos eles querendo Slinkys! Betty e sua companheira nem tiveram a oportunidade de gastar seu dinheiro — os 400 Slinkys foram vendidos naquela noite.

> Slinky, o astro de cinema, apareceu em *Other people's money*, *The inkwell* e *Hairspray*.

Uma experiência religiosa

A Gimbel's renovou os pedidos da novidade em grande quantidade. Os James então levaram sua estrela para a Feira de Brinquedos de Nova York de 1946, onde ele foi eleito o brinquedo novo do ano. O casal abriu uma pequena fábrica fora da Filadélfia, em Germantown, Pensilvânia.

A FEBRE DA MOLA

Nos anos 1950, as vendas do brinquedo dispararam graças em parte a campanhas publicitárias bem-sucedidas. O Slinky apareceu pela primeira vez no ar, no programa *Romper Room Show*, em 1946.

No final da década o casal tinha seis filhos e uma empresa em expansão, inteiramente desenvolvida em torno de um produto único sem concorrência. As vendas eram vigorosas e os lucros se acumulavam. Mas Richard envolveu-se com uma seita religiosa, à qual estava fazendo grandes contribuições, tiradas do patrimônio da empresa. Depois de algum tempo, ele fugiu para a Bolívia para se juntar a um grupo do seu culto.

> A única mudança importante do Slinky em 50 anos foi *revestir o arame*, para fazê-lo mais durável e revirar as extremidades, por segurança.

Nada como o próprio lar

Em 1960, Betty James tinha uma empresa em dificuldades e seis filhos para criar. Ela mudou a fábrica para sua terra natal, em Hollidaysburg, Pensilvânia. A cidade oferecia um bom terreno para construir sua nova fábrica, além de amigos e familiares em número suficiente para reconstruir a empresa.

Seu próximo passo foi contratar a Barton-Curteon, uma pequena e desconhecida agência de publicidade, na Colúmbia, Carolina do Sul. A agência produziu o *jingle*, agora famoso, *Everybody loves the Slinky* (Todo mundo adora o Slinky), que ainda é veiculado hoje, mais de 40 anos após ter ido ao ar pela primeira vez.

A FEBRE DA MOLA

Preço justo

Os psicólogos especulam os motivos pelos quais o Slinky atrai tanto as crianças, mas ninguém pode negar que o preço baixo tem sido um fator preponderante para seu sucesso. Em 1945, o preço no varejo era de um dólar; e em 1996, o preço subiu para apenas dois dólares.

O preço baixo comprovava o compromisso de Betty James de deixar o Slinky ao alcance de todos. Ela manteve os custos baixos e as margens de lucro também. Na verdade, as indústrias James não têm departamento de pesquisa e desenvolvimento. Isso desestimulou a concorrência de colocar na praça um brinquedo semelhante. Quase não há margem de lucro.

> Os Slinkys foram usados, na colheita de nozes pecã, como repelente de pombos, e em instalação de cortinas. Durante a Guerra do Vietnã, o Slinky foi usado como antena de rádio improvisada.

A febre da mola

O Slinky parece imune ao tempo e aos modismos. Gerações e gerações de novos pais compram esse brinquedo para seus filhos. Ele foi elogiado até no catálogo de cultura pop da revista *Rolling Stone*. E publicações científicas publicaram artigos sobre as propriedades da mola. Mesmo os astronautas da Sonda Espacial Discovery se perguntaram se o Slinky se moveria submetido à gravidade zero. Ele não se moveu.

Os anos se passaram e Betty se recusou a vender o brinquedo para conglomerados que queriam acrescentar o artigo à sua linha de produtos. Hoje, as indústrias James geram vendas de US$ 15 milhões anualmente.

A FEBRE DA MOLA

Betty tornou-se uma milionária, assim como seu ex-marido, que detém a propriedade da patente. Richard casou-se novamente e morreu na Bolívia, ainda devoto de sua seita religiosa. Hoje, seu filho mais velho trabalha como gerente de vendas e é o único dos seis filhos envolvidos com a empresa.

Em 1995 o 50º aniversário do Slinky foi comemorado publicamente, com a distribuição de 400 kits promocionais, por estações de televisão de todo o país. Os kits incluíam uma camiseta e uma caixa de mogno contendo um Slinky folheado a ouro de 14 quilates. Betty se surpreendeu com o dilúvio de pedidos de entrevistas da imprensa. Parece que todo mundo gosta mesmo de um Slinky!

> O Slinky está em exposição no Instituto Smithsonian e no Museu de Arte Metropolitan.

31 TRANSPORTANDO FRIO E CALOR
THERMOS

Embalada a vácuo

Os escoceses podem ter perdido a sua liberdade para os ingleses, mas mantiveram seus próprios sistemas monetário e educacional; este último produziu um seleto grupo de engenheiros, químicos e matemáticos. Foi esse sistema que encorajou James Dewar (1842-1923) a conduzir experimentos com temperaturas extremamente baixas e liquefação de gases. Em 1893 ele considerou a idéia de colocar um frasco dentro de outro, o que criava um vácuo entre eles e impedia a passagem de calor de um para o outro. Como cientista sem nenhum interesse em empreendimentos comerciais, ele nunca pediu a patente da idéia. Mas a firma alemã Burger e Aschenbrenner, de Munique, que havia sido contratada para fazer a calibração das ampolas, percebeu o potencial comercial que a garrafa de vácuo poderia ter. Em 1904, esta firma promoveu um concurso para encontrar um nome comercial. O vencedor foi um residente de Munique, que adaptou a palavra grega para calor (*thérmê*) e sugeriu: **Thermos**.

> Os irmãos Wright levaram uma Thermos na aventura do Kitty Hawk. A Thermos viajou para o Pacífico Sul com sir Ernest Shakelton, ao círculo Polar Ártico com Robert Peary e com o conde Ferdinand von Zeppelin no seu dirigível.

Úmida e selvagem

Historicamente os líquidos eram transportados em garrafas, jarras, potes e mesmo em sacos de couro. Mas nenhum destes aparatos tem capacidade de manter a temperatura.

TRANSPORTANDO FRIO E CALOR

Thermos, a garrafa térmica, resolveu esse problema. A atenção que a mídia deu a este novo produto logo capturou a imaginação do público. Até 1907, a Thermos já havia viajado para muitos lugares exóticos do globo. Fotografias, a mais memorável de todas registrando a expedição exploratória de Teddy Roosevelt pela África, provaram a confiabilidade e transportabilidade da nova garrafa de vácuo.

Quatro acordos nacionais de licenciamento criaram empresas fabricantes de Thermos na Inglaterra, Estados Unidos, Canadá e Japão. Cada uma dessas entidades fabricaria a Thermos de acordo com um compromisso que garantiria um padrão de qualidade no mundo inteiro.

Em 1906, a Burger e Aschenbrenner registrou o nome Thermos e licenciou a fabricação do produto nos Estados Unidos para um homem de negócios americano chamado William Walker, de Portland, Maine. A Thermos Limited foi fundada na Inglaterra neste mesmo ano, seguida pela Canadian Thermos Bottle, em Montreal em 1907. Em 1910 a licença da Thermos foi estendida pelos alemães para a Nippon Sanso, de Tóquio. Os japoneses estavam interessados também nos produtos secundários da empresa, desenvolvidos pela companhia americana, e que incluíam recipientes para piqueniques, jarras de café e decantadores, que usavam a tecnologia de vácuo de Dewar e os métodos de manufatura de garrafas da matriz alemã.

> A garrafa original Thermos está em exibição no *Instituto Real de Londres*.

Em 1913, a Thermos americana se mudou do Maine para Norwich, Connecticut, onde expandiu sua linha para incluir kits de almoço e produtos para serem usados ao ar livre. Produtos da Thermos foram usados até pelos operários que construíram o Canal do Panamá.

TRANSPORTANDO FRIO E CALOR

O fim de uma bela amizade

A Thermos Ltd., a licenciada inglesa, construíra sua fábrica no subúrbio inglês de Tottenham. Por muitos anos ela pagou honorários anuais pela licença de fabricação para a Thermos GmbH., sua sócia alemã. As relações entre as duas empresas eram excelentes; a firma alemã sempre dava o crédito a sir James Dewar pela invenção do processo a vácuo, e a inglesa sempre elogiava a empresa alemã por perceber as aplicações comerciais do produto.

Em 1914 o Ministério de Munições Inglês desapropriou a Thermos Ltd. e começou a fabricar cápsulas para bombas e outros equipamentos para o esforço de guerra. Depois disso, os proprietários da Thermos readquiriram imediatamente a fábrica de Tottenham e cortaram todas as relações com a matriz alemã.

Em 1917 um dirigível bombardeou a fábrica de Tottenham e a destruiu. Os historiadores supõem que o gabinete de guerra de Kaiser Wilhelm, sabia, através da Thermos alemã, sabia que não eram garrafas a vácuo que estavam sendo manufaturadas na fábrica inglesa.

> A primeira pessoa a entender o conceito de vácuo foi um físico italiano chamado Evangelista Torricelli. Em 1643 ele inventou o barômetro de mercúrio.

Cortejando o desastre

Num julgamento histórico, que resultou na perda permanente da exclusividade do uso do nome Thermos, a Companhia Thermos teve de ceder o direito de uso do nome, para a sua principal rival, as Indústrias Aladin. Um advogado comentou a respeito da sentença de 1962:

TRANSPORTANDO FRIO E CALOR

"Este é um exemplo notável daquilo que pode dar errado, mesmo com uma marca comercial de renome".

O juiz decidiu que Thermos (térmica), havia se tornado um nome genérico para a garrafa a vácuo e, portanto, outras empresas poderiam usar a palavra para identificar suas garrafas, mas que estas estavam restritas a usar o "t" minúsculo. Para chegar a esta decisão, o juiz estudou a política de publicidade da empresa e as investigações sobre o uso indevido de sua marca registrada. Ele achou que a Companhia Thermos teve um papel fundamental na transformação da marca em palavra genérica popularizando a expressão "garrafa Thermos".

Esta não foi a única vez que uma marca teve de abrir mão do direito ao nome: aspirina, celofane, escada rolante e até flocos de trigo são produtos que se tornaram termos genéricos. Mas a Companhia Thermos reteve o direito de usar o Thermos com "t" maiúsculo, e sua marca registrada.

> Foi o frasco de ½ litro — "*A Garrafa Azul*" — lançado em 1924 por US$ 9,80 que se tornou o modelo mais popular e mais vendido da linha Thermos.

Xícara de sopa

A garrafa Thermos tornou-se parte da paisagem americana. Trabalhadores e estudantes podem ser vistos por toda parte abrindo uma garrafa Thermos e despejando em um recipiente sopa ou café, quentinhos, feitos em casa.

Atualmente os produtos Thermos tentam manter uma vantagem competitiva expandindo a sua linha de produtos incluindo grelhas, bebedouros e garrafas a vácuo. As vendas cresceram com licenciamentos para outras empresas, especialmente as dirigidas ao mercado infantil. Artigos

TRANSPORTANDO FRIO E CALOR

recentes incluem lancheiras com desenhos dos personagens Disney, Barney e a boneca Lamb Chop.

Em algum lugar do mundo, hoje, numa escola ou no trabalho, alguém está se deliciando com uma xícara de alguma bebida nutritiva, fria ou quente, com o simples ato de abrir uma garrafa a vácuo jeitosa, inventada por um escocês, patenteada por alemães, popularizada por americanos e batizada com uma palavra grega: Thermos.

32 PEQUENOS BANQUETES
GERBER

Na boquinha do nenê

Dorothy Gerber estava determinada a dar à sua filha o melhor possível. Em 1927 seu pediatra tinha posições um tanto avançadas para a sua época com relação à nutrição infantil. Ele recomendava que uma alimentação de comida peneirada fosse oferecida ao bebê, já a partir dos 5 meses de idade. A zelosa mãe de Fremont, Michigan, começou a realizar a cansativa tarefa de descascar, cozinhar no vapor, raspar e peneirar as frutas e verduras disponíveis. Mas, embora felicíssima com a satisfação do bebê ao ingerir a comida, Gerber acreditava que deveria haver uma maneira mais simples e fácil de preparar comida para bebês.

Gerber certamente não foi a primeira mamãe americana a ter esta noção; mas ela tomou uma providência a esse respeito. Perguntou ao seu marido, o filho do presidente da Companhia de Enlatados de Fremont, por que alimentos infantis não podiam ser enlatados também. Seu marido Dan e o pai dele, Frank, se puseram a pensar sobre esta questão. Eles não conseguiam achar a razão pela qual alimentos infantis não pudessem ser produzidos comercialmente. Então eles prepararam embalagens-teste de comida infantil para Dorothy e outros trabalhadores da empresa com bebês em casa. A reação foi de tremendo entusiasmo; os bebês simplesmente adoraram. A companhia decidiu manufaturar alimentos infantis e vendê-los com o sobrenome que o inspirou: **Gerber**.

> Os produtos Gerber são vendidos em 70 países e seus rótulos são redigidos em 12 línguas. Seu faturamento anual é superior a US$ 1 bilhão.

PEQUENOS BANQUETES

Muitas pequenas razões

As mães sempre alimentaram os bebês com comida moída ou amassada. A evolução da culinária possibilitou o fracionamento de comida por meio do processo do calor e abriu o caminho para os estágios iniciais da preparação de alimentos infantis. Os vegetais cozidos amolecem e ficam fáceis de triturar e, além disso, ainda produzem um caldo que os bebês podem tomar.

A comida enlatada seria o próximo passo na trajetória dos alimentos infantis vendidos comercialmente. O processo de enlatar originou-se inicialmente por razões militares. Quando Napoleão era o líder supremo do governo francês, ele ofereceu um prêmio em dinheiro para quem conseguisse desenvolver um método de conservar comida.

> Por muitos anos a Companhia Gerber rechaçou tentativas de aquisição, amistosas ou hostis; mas em 1994, concordou em ser adquirida pela Sandoz, o conglomerado suíço, por US$ 3,7 bilhões.

E a Gerber acerta em cheio

A decisão de produzir comida enlatada para bebês foi bastante audaciosa em 1928. A Companhia de Enlatados Fremont — o nome mudaria para Gerber em 1941 — estava se empenhando na tarefa de lançar uma linha de alimentos que a maioria dos pais americanos considerava supérflua e cara.

Dan Gerber estava convencido de que outras mães iriam gostar de usufruir da mesma conveniência de Dorothy. Antes de considerar a produção em massa da nova linha, ele fez algumas pesquisas preliminares entre novas mamães e aprendeu que conveniência não era o benefício principal

PEQUENOS BANQUETES

pretendido pelas consumidoras de comida infantil. O que as mães mais queriam era uma variedade maior de alimentos, que incluísse mais variedades de frutas e legumes do que aquelas encontradas na quitanda, no decorrer do ano.

No que foi considerada uma das campanhas promocionais mais arriscadas e caras de que se teve notícia, veiculada na revista *Good Housekeeping*, foram oferecidos ao público pelo correio, ao preço de US$ 1, seis latas de sopa e de legumes peneirados, junto com um cupom de retirada, que deveria ser preenchido com o nome da quitanda favorita do cliente. Os dólares e os cupons começaram a chegar aos borbotões. A promoção resultou numa distribuição de âmbito nacional e, até o final daquele ano, 600 mil latas haviam sido vendidas.

Dan Gerber teve a brilhante idéia de que uma ilustração com um bebê bonito iria atrair a atenção das leitoras do sexo feminino. Para encontrar o rosto perfeito, a empresa patrocinou um concurso de desenhos de bebês. A artista Dorothy Hope Smith, que enviara um desenho a carvão do bebê de uma vizinha, ganhou. O desenho tornou-se famoso como o "Bebê Gerber" e apareceu na logomarca oficial em 1931. Por anos, um falso rumor insinuava que o desenho fora feito tendo como modelo o ator Humphrey Bogart quando criança, mas a estrela foi Ann Turner, a filha de uma vizinha.

> Gerber competiu com 73 empresas diversas em 60 anos. As fatias de mercado de alimentos infantis nos Estados Unidos estão distribuídas da seguinte maneira: Gerber detém 70%, a Beech-nut 24% e a Earth's Best da Heinz, o primeiro alimento infantil com certificado de comida orgânica, tem 3,5%.

PEQUENOS BANQUETES

A mamãe sabe o que é melhor

Logo a Gerber estava nas prateleiras das quitandas e mercearias de todo o país, em cinco variedades. Em dois anos, 50 concorrentes entraram no mercado. A Gerber entendeu que para manter o seu domínio nos Estados Unidos não bastava fazer comida nutritiva para bebês; ela teria de saber mais sobre mães e bebês que qualquer outra empresa. Ela teria de ser conhecida como *a* empresa de alimentos infantis, aquela em que as mães poderiam confiar.

O primeiro passo que a Gerber tomou para incrementar seu prestígio, frente à concorrência, foi firmar relacionamentos com nutricionistas infantis e pediatras. Isto contribuiu para a formação de uma parceria continuada com as maiores autoridades pediátricas do país. Essas pessoas ajudaram a empresa a redigir e a preparar publicações especializadas em cuidados infantis. Há mais de 50 anos, as alianças, feitas especificamente para esta finalidade, resultaram no Centro de Pesquisas Gerber, que, nos dias de hoje, é o maior complexo industrial privado, dedicado exclusivamente à nutrição infantil. Dorothy Gerber contribuiu escrevendo uma coluna de jornal intitulada "Criando um bebê".

> A Gerber foi sensível ao aumento do mercado latino, lançando a linha Tropical, que inclui variedades peneiradas de frutas e verduras nos países hispânicos populares.

O estrondoso negócio infantil

A empresa mantém a política de contatar tantas mamães novas quantas possa encontrar e oferecer-lhes folhetos de informação sobre nutrição e cupons de desconto. Listas de novos nascimentos, fornecidas por pediatras, enfermeiras e hospitais, capacitaram a empresa a atingir mais de 80% de todos os novos pais nos Estados Unidos.

PEQUENOS BANQUETES

Conforme as latas foram sendo substituídas por potes e os cinco produtos cresceram para mais de 250, a Gerber Baby Food tornou-se uma figura familiar nos lares americanos nos anos 1940. Em 1948, a Gerber encontrou também seu *slogan* publicitário perfeito: "Bebês são o nosso negócio, nosso único negócio".

Posteriormente, a Gerber desenvolveu produtos para crianças maiores. Em 1992, a companhia lançou a Gerber Escolar: 23 produtos alimentares direcionados para o paladar mais maduro de meninos e meninas, como produtos de panificação e sucos enriquecidos com cálcio. O sucesso dessa estratégia aumentou o número de potes vendidos em 15% ao ano.

Sucesso seguro

Com um dos nomes mais confiáveis nos Estados Unidos, foi apenas uma questão de tempo antes que esta companhia de bilhões de dólares lançasse outros produtos para bebês, incluindo brinquedos, chiqueirinhos, roupas e dispositivos de segurança. A Gerber comercializa até seguros de vida para crianças. O plano "Cresça", paga uma quantia em dinheiro (geralmente US$10 mil) quando a criança segurada atinge a idade de 21 anos.

Enquanto procura crescer na Europa, a empresa espera atingir a marca de US$ 1 bilhão em vendas anuais no início deste século.

> Alguns dos ingredientes dos alimentos infantis Gerber fabricados em outros países incluem peixes especiais, miolo de carneiro, feijões nativos e algas marinhas.

33 RECHEADO DE MEIA
L'EGGS

O ovo de Colombo

Roger Ferriter era sócio de uma firma de *design* especializada em criar embalagens para produtos. Em 1968 a sua empresa foi contatada pela Hanes Corporation de Winston-Salem, Carolina do Norte. A Hanes precisava desenhar uma embalagem para uma nova linha de lingerie, planejada para ser comercializada apenas no atacado. Enquanto pensava no desafio, Ferriter amarrotou uma amostra de meia-calça, reduzindo-a a um tamanho que cabia na palma da mão. Conforme olhava atentamente para seu punho fechado, uma imagem lhe passou pela cabeça: e se a nova meia-calça da Hanes fosse vendida num recipiente fechado em lugar da embalagem plástica transparente tradicional? E se o produto estivesse aninhado "na mais bela embalagem da natureza?". E tudo isto realçando o nome com um toque francês? Voilà! **L'eggs**.

> O rei Henrique II da França vestiu a primeira meia, feita sob medida, em 1559.

De perna para o ar

A recente descoberta numa montanha suíça de um homem pós-idade do gelo, em excelente estado de conservação, revelou que ele usava perneiras feitas de cortiça e tiras de animais. Durante a Idade Média, à medida que as calças ficavam mais curtas, uma espécie de meia que cobria as pernas ia ficando mais comprida. Essas meias foram conquistando cada vez mais terreno e, no século XIV, já envolviam o corpo e colocavam à mostra o contorno das pernas, das nádegas e a da área escrotal, o que acabou levando a igreja a classificá-las de obscenas. As meias chegaram

RECHEADO DE MEIA

até a cintura no século XV. Estas precursoras das ceroulas são também os antepassados da meia-calça.

As meias compridas surgiram há cerca de 700 anos. Uma das primeiras referências conhecidas desta peça de vestuário é encontrada num manuscrito inglês de 1306. Durante o reinado da rainha Elizabeth, meias de seda compridas se transformaram numa febre de moda. Posteriormente, as meias compridas passaram a ser mantidas esticadas com o uso de ligas e cintas-ligas feitas de tecido ou couro. Depois que o reverendo William Lee inventou a armação para a meia comprida em 1589, meias compridas finamente tecidas foram produzidas com máquinas.

> A L'eggs administra 100 mil pontos de venda espalhados por lojas de todo o país.

A meia de alta-costura do século XVII era feita de seda branca e, posteriormente, de linho ou cetim branco. O algodão foi introduzido no século XVIII, aumentando sua popularidade e disponibilidade após a Revolução Industrial. Mas as meias compridas femininas iriam mudar para sempre quando a companhia E. I. DuPont inventou o náilon, em 1938.

O que veio primeiro?

Robert Elberson foi contratado em 1968 pela Hanes Corporation para exercer a presidência de seu departamento de lingerie. A Hanes, uma fabricante de têxteis e roupas que ficou famosa por ter lançado a meia-calça, acabava de desenvolver um tecido novo que era elástico e não deformava. Uma pesquisa feita para verificar que tipos físicos poderiam usar o mesmo tamanho de peça, resultou que nove entre cada dez mulheres vestiram bem a amostra de meia-calça oferecida. A idéia de um produto tamanho único agradava bastante a Elberson, que na ocasião enfrentava um dilema de marketing: desenvolver o produto para o segmento

RECHEADO DE MEIA

superior do mercado, usando lojas de departamento e casas especializadas em lingerie, ou para o segmento inferior, formado por supermercados e lojas populares, mas de volumes de venda bem maiores. Ele optou por esta última estratégia.

Elberson começou examinando o ambiente onde iria competir. Pesquisas indicavam que em razão de tantas empresas fabricarem meias-calças, nenhuma marca ficava retida na mente do consumidor. O objetivo seria transformar o nome Hanes facilmente reconhecido dentro das lojas. Isto iria exigir grandes despesas com mídia. É aí que entra Ferriter.

> A data de 15 de maio de 1940 marca o *primeiro* dia em que meias compridas de náilon foram colocadas à venda.

Chocá-lo ou não chocá-lo?

Assim que Ferriter finalmente decidiu-se pela embalagem em formato de ovo, ele e sua firma aprimoraram o conceito da novidade e criaram um nome que associava o produto à embalagem, fazendo um trocadilho (em inglês *eggs* = ovos e *legs* = pernas). Agora, a bola estava no campo da diretoria da Hanes, para decidir se iriam apostar milhões de dólares num produto inédito, que seria acondicionado numa embalagem incomum e com um nome bonitinho.

Eles deram o sinal verde depois que observaram a reação dos consumidores perante uma gôndola num ponto de venda experimental; 24 ovos de meias-calças de vários tamanhos, cores e estilos estavam bem visíveis e o ponto oferecia também literatura promocional e explicativa. O consenso do experimento foi que se os varejistas aceitassem a gôndola, ela se destacaria, com relação a qualquer outra meia-calça. Além disso, trabalhando em consignação, eles não corriam o risco de carregar as L'eggs. A Hanes seria a dona das unidades e alugaria espaço nas lojas.

RECHEADO DE MEIA

Pisando em ovos

Em março de 1970, a L'eggs foi lançada em quatro mercados-teste. Depois de apenas seis semanas, as vendas estavam ocorrendo com o assombroso volume de 1.500% acima do projetado. Depois de seis meses a Hanes estava tão confiante que lançou o produto nacionalmente, sem testar outros mercados regionais. Ao fim de outros seis meses, 25% de todas as mulheres pesquisadas nos grandes centros urbanos afirmavam que L'eggs era a sua marca habitual de meias-calças. As vendas do primeiro ano totalizaram US$ 9 milhões; no segundo ano subiram a US$ 54 milhões e no terceiro a marca gerou US$ 112 milhões.

A campanha promocional foi direta e memorável, o bordão "pegando no nervo": "Our L'eggs fit your legs" (A nossa L'eggs se adapta às suas pernas). Antes do lançamento desta marca, a Hanes havia gasto apenas US$ 250 mil anuais de propaganda. Após o lançamento, estas despesas alcançaram US$ 10 milhões e em 1980, a Hanes estava gastando US$ 30 milhões.

> O nome romano para meia era *udo*. Julio César liderou suas legiões romanas na invasão à Gália vestindo meias que protegiam as pernas.

Além do seu conceito de marketing bem-sucedido, o maior diferencial de vendas da L'eggs era que o tamanho da meia não era mais um jogo de adivinhação. As mulheres podiam indicar com facilidade o seu tamanho, obtido junto a uma tabela de fácil leitura que ficava na gôndola da loja.

No início de 1990, a L'eggs tinha o controle de 42% do mercado, com vendas superando os US$ 900 milhões. Assim que a Hanes foi reconhecida pelas mulheres como a principal empresa de meia-calça, ela lançou marcas derivadas para atender necessidades sazonais de cor, estilo e tamanho. Estas foram as linhas Sheer, Just My Size e Underalls, além da linha de meias de jovens chamada Little L'eggs.

RECHEADO DE MEIA

O único problema do empreendimento aconteceu quando ambientalistas começaram a questionar o problema ambiental causado por milhões de embalagens plásticas não-recicláveis nos aterros. Em 1994, a Hanes reagiu ao desafio promovendo uma mudança da embalagem plástica para uma de papelão, menos danosa ao ambiente e ainda com uma redução de 33% no custo.

A Hanes foi adquirida pela Corporação Sara Lee em 1974. Seus novos proprietários deram atenção às necessidades e preferências do consumidor e mantiveram o sistema de distribuição, que é lucrativo tanto para o varejista quanto para a empresa. A marca celebrou seus 25 anos em 1996. Ela foi vestida por milhões de mulheres americanas que adoravam abrir uma das embalagens mais reconhecidas do comércio varejista.

34 FRITO AMERICANO
FRITO-LAY

No fundo do coração do Texas

Em 1932, Elmer Doolin era um pequeno produtor de sorvete em San Antonio, Texas. Certo dia ele fez uma pausa para almoço num café e pediu o sanduíche especial de 5 centavos. Num impulso decidiu gastar mais um níquel por um pacote de chips de milho. Os chips estavam mais crocantes e saborosos do que ele esperava e o pacote trazia uma porção que se mostrou do tamanho exato para acompanhar o sanduíche. Ele procurou o homem que fizera e embalara os chips e comprou o negócio por US$ 100. Foi um dinheiro bem gasto: Doolin se tornou proprietário da receita da massa com milho e mais seu fatiador manual de batatas. Doolin começou a fritar chips de milho na cozinha da sua mãe e a vendê-los em bares, restaurantes e mercearias da região.

> Frito-Lay tem a maior equipe de vendas do mundo, empregando 12 mil pessoas, que fazem 750 mil visitas semanalmente.

Ele sabia que precisava de um nome interessante para a marca, então decidiu render homenagem à sua tradição de fronteiriço do sul, escolhendo o nome que em espanhol significa fritas: **Fritos**.

Geórgia *on my mind*

Em outra parte do sul, H.W. Lay operava por sua própria conta uma empresa de distribuição em Nashville, Tennessee. Ele usava seu caminhão Ford modelo A de 1929, para distribuir chips de batata, fabricados por uma empresa de Atlanta. Até 1934, Lay havia conseguido

FRITO AMERICANO

ampliar a distribuição do seu produto, abrangendo seis rotas estaduais, e estava a caminho de se transformar num dos principais distribuidores do Tennessee. Quatro anos depois, a empresa de chips de batata da Geórgia começou a ter problemas financeiros que poderiam ameaçar o suprimento e o ganha-pão de Lay. Ele tomou US$ 100 emprestados e se associou a outros investidores para ajudá-lo a comprar a fábrica de chips de batata, e mudou o seu nome para **Lay's**.

> A Frito-Lay fabrica 30 mil salgadinhos por minuto.

Batatinha quando nasce

Os salgadinhos da indústria alimentícia têm origem com um cozinheiro de Saratoga, Nova York e em um antigo vendedor de jornais de Cleveland, Ohio. Em 1853 o magnata das ferrovias Commodore Cornelius Vanderbilt veraneava em Saratoga Springs, um balneário freqüentado pelas famílias da elite nova-iorquina. Certa noite, durante o jantar, ele devolveu para a cozinha as batatas servidas, reclamando que estavam "muito grossas". O cozinheiro, George Crum, obsequiosamente fatiou uma nova porção de batatas, mas estas estavam da espessura de um papel, fritas em azeite bem quente e salgadas.

O Comodoro adorava estas "batatas fatiadas crocantes", assim como seus amigos. Isto se tornou uma espécie de coqueluche entre os ricos que estavam sempre pedindo aqueles "chips de Saratoga". Não demorou para a sua fama se estender por toda a Costa Oeste, mas eles eram encontrados apenas nos restaurantes mais finos.

Em 1895, os chips de Saratoga eram conhecidos praticamente no país inteiro, mas não em Cleveland. William Tappenden viu uma oportunidade de fazer dos chips de batata um artigo popular. Ele fritava os chips no fogão de sua casa e distribuía o produto com uma charrete a cavalo. Num

FRITO AMERICANO

curto período o seu negócio prosperou e ele acabou transformando o seu barracão na primeira fábrica de chips de batata do país. Logo, fabricantes regionais de chips de batata brotaram por todos os Estados Unidos.

Na Costa Oeste, em Monterey Park, Laura Scudder produziu sua primeira batata chip em 1926. Até esta data, as batatas chips eram vendidas para os fregueses a granel, em barris ou em grandes potes de vidro. Scudder teve a idéia de vender suas batata chips pré-embaladas num pacote etiquetado com seu nome. Os pacotes eram feitos em casa por seus operários, com folhas de papel enceradas.

> O vice-presidente Richard Nixon levou um pacote de chips de milho para Nikita Kruschev em 1961.

Fazendo uma vaquinha

H. W. Lay e Companhia se tornaram uma das maiores empresas de salgadinhos e comidas embaladas do Sudeste. O seu principal produto era as batatas Chip Lay's, que tinham a fama de serem leves e supercrocantes. Em 1944 H.W. Lay intuiu a importância da televisão e começou a anunciar em emissoras locais.

Enquanto isso, a Companhia Corn Chip Fritos mudou a sua sede para Dallas — o centro comercial mais importante do Texas — onde conseguiu um crescimento rápido das vendas e da distribuição. Em 1949 ela começou a imprimir nos seus pacotes a frase "Chips de Milho Dourados da Marca Fritos" para reforçar sua imagem de primeiro chip de milho da região.

Em 1945, a Companhia Corn Chip Fritos cedeu à Companhia Lay os direitos exclusivos de comercialização dos Fritos na região Sudeste. O resultado foi um aumento das vendas, tanto dos chips de batata, quanto de milho.

FRITO AMERICANO

Durante os 16 anos seguintes ambas as empresas permaneceram entidades comerciais distintas, prosperando no mercado de salgadinhos, um segmento em franca expansão do setor de alimentos. Em 1950 elas começaram a trabalhar por uma distribuição nacional conjunta, porque os seus vendedores viviam se encontrando nos mesmos compradores, das mesmas redes de supermercado. Ambas as empresas compartilhavam a mesma filosofia e tinham produtos que não competiam entre si. A fusão finalmente aconteceu em 1961. No final desse mesmo ano a nova Companhia Frito-Lay, se tornou uma ameaça tripla quando adquiriu a Rold Gold Pretzels.

Aposto que você não consegue comer um só

Lay já havia começado a fazer anúncios em 1944, no Tennessee, com o primeiro personagem de desenho animado memorável de sua empresa: Oscar, a Batata Feliz. A etapa seguinte foi patrocinar o seriado animado de televisão de meia hora chamado "Xerife Dawg", que começou a ser levado ao ar num programa infantil de televisão em 1960.

No começo de 1960 as vendas de alimentos tipo salgadinhos estavam disparando e a Lay reconheceu que ela precisava se destacar. Numa das campanhas de televisão que se transformou num marco da história da publicidade, a peça criada pela agência de propaganda lançava o famoso desafio "Aposto que você não consegue comer um só" anunciado pelo incomparável Bert Lahr, "o leão covarde".

> O total de vendas anuais da Frito-Lay é de US$ 4,5 bilhões, o que significa 27 pacotes por pessoa ao ano.

Em 1968 o comediante Buddy Hackett continuou a campanha com a frase de efeito derivada do slogan original: "Você pode comer milhões

FRITO AMERICANO

deles, mas ninguém consegue comer um só". Em 1992, depois que Lay reformulou os chips para torná-los mais crocantes e secos, os anúncios apresentavam astros do basquete como Kareem-Abdul Jabbar e Larry Bird, garantindo que estes chips eram "bons demais para comer um só".

Fritos adotou um elenco de personagens mascotes. Em 1953 lançou o Frito Kid que se manteve como porta-voz até 1957, seguido pelo Frito Bandito, que acabou criando um problema pois, embora fosse um nome de fácil memorização, ofendia aos latino-americanos e ele foi abandonado. Em 1971 a empresa apresentou o seu novo mascote W.C. Fritos.

> A Frito-Lay domina o mercado dos salgadinhos com oito marcas entre as dez mais vendidas. A companhia fabrica 8,5 bilhões de pacotes de salgadinhos e gera um faturamento anual de US$ 15 bilhões.

A geração Pepsi

A Frito-Lay foi adquirida pela Pepsi em 1965, uma jogada brilhante da gigante dos refrigerantes. Hoje em dia a divisão de alimentos salgadinhos gera vendas de mais de US$ 4,5 bilhões e responde por uma surpreendente parcela de 40% dos lucros da Pepsico, com margens de lucro que estão entre as maiores no setor de alimentos.

Com o tempo, a empresa foi lançando sucessivamente diferentes produtos, com características marcantes que acabaram dominando todo o mercado de salgadinhos da indústria alimentícia. Além de Lays, Rold Gold e Fritos, a companhia também produziu o Ruffles, Doritos, Tostitos, Cheetos e Sunchips em muitos sabores e tamanhos. Em resposta a um mercado cada vez mais atento ao peso indicado pelas balanças, mais recentemente novos produtos são promovidos como tendo " baixo teor de gordura".

FRITO AMERICANO

Ed Doolin morreu em 1959 e H.W.Lay em 1982. A sua parceria baseava-se na seguinte filosofia: "Fazer o melhor produto possível; vendê-lo com um lucro razoável; a oferta de serviços é parte integrante da comercialização". Suas empresas superaram todas as expectativas, progredindo de marcas regionais pequenas mas importantes, para gigantes nacionais.

35 TRASEIROS EM ALTA
PAMPERS

Uma troca para melhor

Vic Mills foi encarregado de tomar conta de seu primeiro neto e, quando chegou a hora de trocar as fraldas do bebê, ele descobriu que tinha de fazer uma escolha: usar a tradicional de pano ou a descartável com a qual não estava familiarizado. Posteriormente, na mesma noite, quando o bebê exigiu uma segunda troca, Mills fez um pequeno teste de absorção e de conveniência. Ele concluiu que a fralda de pano tinha muitas desvantagens, inclusive a lavagem e os odores residuais. Por outro lado, a fralda descartável não oferecia absorção nem resistência suficientes.

Mills, que era engenheiro da Procter & Gamble, fez comentários a respeito do seu teste na empresa e afirmou que provavelmente haveria mercado para um produto de qualidade melhor. A Procter & Gamble começou uma série de pesquisas que acabaria levando a uma transformação radical na troca de bebês do mundo todo: **Pampers**.

> Há mais de *15 bilhões* de trocas de fraldas por ano nos Estados Unidos.

A história

A evolução das fraldas acompanhou a dos materiais absorventes para a menstruação feminina. Papel, lã, fibras vegetais ou chumaços de grama serviam a ambos os propósitos.

O primeiro tecido usado para os bebês foi tecido com fibras de madeira e de outras matérias vegetais, no vale dos rios Tigre e Eufrates. Uma

TRASEIROS EM ALTA

das "fraldas" mais engenhosas foi concebida por índias americanas, que forravam os fundos das cestas de transporte dos indiozinhos com tufos de musgo macio. A substância vegetal densa absorvia líquidos e podia ser substituída quando necessário.

Séculos de evolução da qualidade do tecido resultaram na conhecida fralda de forma triangular. O alfinete de fralda começou a ser usado muito tempo depois, em meio à Revolução Industrial. Mas, deixando de lado as evoluções do alfinete e do tecido, o que era mais importante é que as fraldas tinham de ser lavadas quer em casa quer na lavanderia, sempre uma tarefa desagradável e que exigia grande perda de tempo.

Durante a década de 1950, marcas descartáveis — Chux, Dryper e Kleinarts — eram encontradas, mas elas representavam menos de 1% das trocas de fralda do país. Os usuários as consideravam muito mal-acabadas, citando com freqüência problemas com o controle da umidade. As mamães as compravam apenas quando precisavam viajar. O que era necessário era uma fralda descartável que não vazasse e fosse altamente absorvente.

> 85% dos berçários hospitalares usam fraldas descartáveis.

A pesquisa da Procter & Gamble

A Procter & Gamble tinha uma sólida reputação como especialista em marketing.

A idéia de Mills para uma fralda descartável (estávamos no final da década de 1950) iria passar por uma série de etapas preliminares antes de ser aprovada. A Procter & Gamble buscava respostas para estas três questões:

1. Existia uma necessidade de consumo real para um método alternativo à maneira atual de trocar fraldas?

TRASEIROS EM ALTA

2. A Procter & Gamble possuía os conhecimentos técnicos e científicos necessários para desenvolver o produto?
3. O mercado tinha potencial para dar lucro?

Bem ao estilo da Procter & Gamble, milhares de novas mamães foram entrevistadas sobre uso de fraldas. Além da óbvia conveniência de uma fralda descartável, estas mamães também levantaram a questão das assaduras causadas pelas calças de plástico usadas sobre as fraldas de pano. Os técnicos da Procter & Gamble entenderam que se pudessem encontrar uma solução para a questão das assaduras, eles poderiam ser os primeiros a atender a esta necessidade.

Mas havia um obstáculo formidável no caminho: para fabricar esta fralda composta de diversas camadas de materiais, seria necessário projetar e construir uma máquina. Inicialmente, os engenheiros pensaram que

> Os melhores mercados internacionais para fraldas descartáveis são os países tropicais, cujos habitantes não possuem máquinas de lavar roupa.

seria fácil acomodar três camadas diferentes, de diferentes tipos de materiais — a exterior de plástico, uma acolchoada absorvente intermediária e uma camada interna repelente de líquidos — e depois dobrá-las em ziguezague e finalmente colá-las. Mas surgiram problemas: os aplicadores de cola vazavam, o material acolchoado criava montes de poeira e a cola emperrava o equipamento. Levou 12 meses para a máquina operar sem problemas.

Teste: um, dois, três

Em 1961, todos os empecilhos haviam sido resolvidos e as primeiras fraldas descartáveis receberam o nome Pampers, o que a empresa achou que melhor transmitia a idéia de atenção carinhosa.

TRASEIROS EM ALTA

O primeiro teste de mercado foi em Peoria, Illinois, onde as Pampers foram oferecidas a dez centavos de dólar cada, um preço que geraria lucro assim que o volume de vendas anuais atingisse o número de 400 milhões de fraldas. O teste se mostrou um desastre, pois foram vendidos apenas 200 milhões.

A pesquisa mostrou que o preço era muito alto. Um segundo teste foi feito em Syracusa, Nova York, onde as fraldas foram vendidas a 8 centavos de dólar cada. Isto se mostrou mais eficaz. A Procter & Gamble acabou baixando o preço para 6 centavos de dólar por fralda, aumentando o volume de produção da Pampers.

> Outros nomes considerados foram: Dri-Wees, *Winks*, Tads, Tenders e Solos.

Uma questão de Luv

O sucesso da Pampers surpreendeu até à Procter & Gamble. No final da década de 1960 as fraldas descartáveis respondiam por 25% de todas as trocas de fralda; essencialmente, ela tinha todo o mercado para si. Cinco anos depois, metade de todos os bebês dos Estados Unidos usavam Pampers. No final da década de 1970, a marca controlava 75% do mercado total de fraldas descartáveis.

Pressentindo que a concorrência poderia desafiar seu monopólio, a Procter & Gamble lançou no mercado a Luvs, uma marca complementar da Pampers destinada a atender a um segmento de mercado mais sofisticado. Entre os melhoramentos que a Luvs apresentava para justificar seu preço, estava uma camada extra de material absorvente, além de elásticos nas pernas.

A Luvs foi logo desafiada pelas Huggie's da Kimberly-Clark, lançada no final da década de 1970. Estas duas marcas lutaram ferozmente por

TRASEIROS EM ALTA

todo e qualquer traseiro de bebê do país, tentando dominar esse nicho do mercado. Em 1983, cada uma das empresas comandava uma fatia de 29% desse mercado — integralmente tomada da Pampers.

Atualmente a guerra de preços se desenrola entre a Pampers, a Huggies e muitas marcas genéricas de supermercado. Em 1988, a Huggies estava no topo com uma fatia de 30% do mercado. As vendas da Pampers haviam caído para o seu pior patamar: 28%.

Pastos mais verdes

O último capítulo da história da fralda descartável paradoxalmente marcou o retorno à fralda de pano. Um número cada vez maior de movimentos ambientalistas direcionou suas baterias contra a ação poluidora do ambiente e dizimadora de florestas das fraldas descartáveis.

Reagindo, as empresas fabricantes de fraldas descartáveis insistiram na afirmação que as fraldas de pano são igualmente danosas ao ambiente. Eles citam o pesticida usado para fumigar as plantações de algodão, os detergentes danosos usados para lavar as fraldas e o consumo de energia exigido para secar as fraldas.

No futuro poderão ser criadas maneiras de reciclar os descartáveis e a Procter & Gamble, com seus recursos e influências, provavelmente estará na linha de frente deste movimento. Afinal, a Procter & Gamble transformou para sempre a troca de fraldas.

36 ESCUTE AQUI
BELTONE

Noites silenciosas

Sam Posen não dava muita atenção aos problemas das pessoas com distúrbios auditivos. Ele e sua esposa Faye viviam uma vida confortável em Chicago, onde ele trabalhava como técnico de rádio. Mas, no final da década de 1930, os Posen fizeram amizade com uma pessoa que tinha um problema auditivo e que vivia reclamando da ineficácia, do som metálico e da feiúra de seu aparelho auditivo. Posen pôs-se a imaginar por que tão pouco progresso havia sido feito neste campo. Como especialista em tecnologia de rádio ele tinha certeza de que a miniaturização do circuito possibilitaria a criação de um dispositivo auditivo de tamanho menor. Ele queria que as pessoas com deficiências auditivas pudessem apreciar os sons da vida "com a mesma nitidez de um sino tocando": **Beltone**.

> O primeiro veículo publicitário usado pela Beltone foi o rótulo *de uma caixa de fósforos*, os quais eram distribuídas à razão de 250 mil unidades por mês.

História auricular

O método mais antigo de melhorar a audição era colocar a mão em concha atrás do ouvido. Os gregos e romanos entalhavam peças cônicas para auxiliar a audição, usando como conchas, ossos e chifres.

Peças em formato de trompete acabaram se transformando no formato padrão de instrumentos que visavam aumentar a audição. Dois dos primeiros dispositivos não-elétricos usados para ampliar o som foram o Osteophone e o Dentaphone. O usuário do Dentaphone colocava uma

ESCUTE AQUI

pequena língua de madeira na boca e a apertava firmemente entre os dentes. O som era captado por um fio encapado por seda e aninhado num diafragma que a pessoa segurava com a mão e que era responsável pelo transporte das vibrações, primeiramente para os dentes e dali para o osso auditivo interno.

No início da década de 1900 a vaidade e a praticidade desempenharam papéis importantes nas modificações tanto da forma quanto do tamanho dos dispositivos auditivos. Instrumentos menores foram implantados em colares acústicos, chapéus femininos, binóculos de ópera, leques e até em cadeiras especiais para esconder o aparelho.

> O jogador de defesa do Washington Redskins, Larry Brown, tinha de usar um aparelho auditivo para ouvir as "cantadas" de jogada que vinham do banco de reservas.

A volta da audição

O primeiro dispositivo auditivo elétrico foi desenvolvido por Miller Hutchinson, de Móbile, Alabama, em 1902. Era um modelo grande, de mesa, que fazia uso de um microfone de carbono e três pares de fones de ouvido. Ele deu ao conjunto o nome de Akoulallion, combinando os verbos gregos "ouvir" e "falar".

O conjunto baseado na técnica do carbono pôde ser significativamente aprimorado depois da invenção do tubo de vácuo por Earl Hanson, da Companhia Globe Ear-Phone. Ele oferecia uma amplificação melhor sem os incômodos microfones. Um protótipo deste aparelho foi usado durante a Primeira Guerra Mundial para captar conversações entre as tropas alemãs.

Os aparelhos auditivos com tubos de vácuo portáteis que vieram a seguir, sinalizaram uma nova era para os deficientes auditivos. Chamados

ESCUTE AQUI

de "multipacks" ou "body boxes" (pacotes múltiplos ou caixas corporais), eles consistiam de duas partes: um estojo para as baterias (carregado num bolso) conectado por fios a um microfone e a um amplificador. O body box não era tão eficiente e nem podia ser ocultado tão facilmente.

A barreira do som

Quando os Posens abriram seu primeiro escritório Beltone em Chicago, em 1940, não sabiam que iriam revolucionar o mercado dos aparelhos auditivos. Nem poderiam ter previsto que o Beltone iria ter uma influência decisiva no lançamento de uma organização dedicada aos deficientes auditivos, chamada Hearing Industries Association.

No seu pequeno escritório, Faye Posen fazia os testes e depois avaliava os resultados com os clientes, enquanto Sam construía os instrumentos auditivos no quarto dos fundos. Os Posens chamaram o seu pequeno aparelho auditivo de Mono-Pac. Ele tinha entre suas vantagens não necessitar de um estojo à parte para as baterias e nem de ligações com fios, além de pesar a metade dos outros aparelhos auditivos.

Em pouco tempo outros distribuidores de aparelhos auditivos do Centro-Oeste pediram para representar a nova linha, que os Posens já haviam começado a anunciar ainda em 1944. O irmão de Faye, Dave Barrows, se tornou o gerente de vendas e é tido

> No início do século XX, havia um aparelho auditivo de nome Operetta que era usado como broche decorativo.

como o responsável pela organização do sistema de distribuição exclusiva da Beltone, inspirada no sistema de vendas de seguros. Em 1945, havia 50 distribuidores vendendo o produto.

O modelo compacto Mono-Pac foi seguido pouco depois pelo Harmony (os Posens escolhiam nomes chamativos da indústria automobilísti-

ESCUTE AQUI

ca para seus modelos novos). A imprensa elogiava-a como o "máximo em redução de tamanho". Os anúncios do Harmony diziam: "Descubra por que os SURDOS o chamam de milagre". Um outro anúncio mostrava um homem com os dedos nas orelhas dizendo: "Não grite! Meu amplificador Beltone oferece de 2 a 6 vezes mais potência".

Em 1947 o governo dos Estados Unidos autorizou o uso dos circuitos eletrônicos impressos para fins não-militares. A Beltone aproveitou esta oportunidade e, em 1948, lançou o Symphonette, com seu "circuito prateado mágico". O fato assinalou a primeira vez que um circuito impresso foi usado num produto com finalidades civis.

As campanhas promocionais de 1949 davam mais ênfase à capacidade auditiva do que à miniaturização. Os anúncios de mídia impressa exploravam os temores dos homens ameaçados por perda auditiva. Um deles dizia: "A SURDEZ quase me custou o emprego!... até que eu descobri este Novo Ouvido Eletrônico Invisível!".

> Em 1808 Johann Malzel inventou o primeiro trompete auditivo, o dispositivo popularizado por seu paciente mais famoso, Beethoven, para quem ele fez diversos modelos entre 1812 e 1814.

Ouvir até a eternidade

Em 1950 a Beltone estabeleceu uma grande rede de distribuidores e era um anunciante em rádio nacional, uma escolha estranha considerando o público que tentava atingir.

Mas com Gabriel Heatter, então um famoso locutor de rádio como porta-voz, novos picos de vendas foram alcançados.

O lançamento do modelo Melody, naquele ano, foi acompanhado de uma memorável campanha de relações públicas. Com o tema musical

ESCUTE AQUI

"Uma melodia é como uma garota bonita", duas modelos femininas, envoltas em vestidos de celofane transparentes, exibiam o aparelho auditivo em seus sutiãs.

A primeira convenção da National Hearing Aid Society (Sociedade Nacional de Ajuda à Audição) aconteceu em 1951 e três anos depois Dave Barrows foi eleito seu presidente. Ele ajudou a redigir o esboço do que acabou sendo o seu primeiro Código de Ética, que foi parte de um esforço dessa sociedade para legitimizar sua ação, como os técnicos de optimetria e fabricantes de lentes já haviam feito.

A primeira combinação Ver-e-Ouvir, óculos e aparelhos auditivos, foi lançada pela Beltone em 1956. Mas a grande novidade aconteceu em 1958 quando foi lançado o Minueto, o primeiro aparelho auditivo para ser usado atrás da orelha. Ele possibilitou aos deficientes auditivos usarem um aparelho quase invisível, colocado num local onde ele ofereceria o máximo de eficiência ao ouvido.

O filho de Posen, Larry, que se formou em engenharia na Universidade de Purdue, é considerado o inventor do circuito Micro-Módulo Beltone. Ele se tornou presidente da empresa em 1974. A Beltone contratou em 1988 o ator Eddie Albert para ser o porta-voz da empresa para os aparelhos auditivos em miniatura de alta qualidade que eram vendidos sob a marca Alto-Max.

Sam Posen morreu em 1981. No decorrer de sua vida ele testemunhou a reestruturação total do setor de saúde: a FDA, a agência governamental controladora de alimentos e remédios nos Estados Unidos, regulamentou a atividade de especialistas em aparelhos auditivos, dando a estes profissionais um status totalmente novo. O Congresso acabou criando uma rede de profissionais de assistência à saúde, através do recém-criado Instituto Nacional de Deficientes em Comunicação. Um homem que decidiu agir devido às queixas de um amigo, acabou trazendo os sons da vida aos deficientes auditivos.

37 ESPONJA GLORIOSA
S.O.S

Dobradinha com alumínio

Edwin Cox ia de porta em porta vendendo panelas de alumínio da marca Wear-Ever. O ano era 1917 e a cidade era São Francisco. Em um dia especialmente fraco ele pensou se as extenuantes subidas e descidas dos morros íngremes da cidade valiam a pena. Embora estivesse convencido de que o alumínio era uma maneira mais barata e eficiente de preparar refeições do que as panelas de cobre ou ferro, ele não conseguia entender o motivo da resistência do consumidor em adotar o novo produto. A resposta veio de uma antiga freguesa que prometeu nunca mais comprar alumínio porque era muito difícil de limpar.

Cox juntou dois mais dois: se pudesse resolver o problema da limpeza, ele iria aumentar as vendas de suas panelas. Fez experiências em casa que resultaram numa combinação de lã de aço bem fininha com sabão. Ele fazia as bolas de lã de aço em seu porão, mergulhando-as num sabonete líquido recomendado para lavar mãos e depois pendurando as esferas num varal para secar. Sua esposa sugeriu um nome para este novo auxiliar da cozinha: ela o chamou "Save our Saucepans" (salvem nossas panelas), cuja abreviação é **S.O.S**.

> As esponjas de lã de aço com sabão começam como um rolo de aço de 25 quilômetros de comprimento.

Limpando tudo

A Revolução Industrial produziu artigos de ferro que acabaram encontrando seu caminho nas cozinhas da Europa Ocidental e dos Estados Unidos. Inicialmente, uma mistura de areia e sabão de-

ESPONJA GLORIOSA

tergente era usada para lavar chaleiras, panelas e bules pesados. O solvente era aplicado com escovas de arame ou de ferro. Uma mistura diferente, de sabão e cinzas, era usada para remover resíduos gordurosos ou oleosos.

Varrendo o país de cima abaixo

Cox levava as "esponjas" consigo, em suas caminhadas de porta em porta. Para sua surpresa, as pessoas estavam mais interessadas no preparado de lã de aço e sabão do que em bules e panelas. As donas-de-casa gostavam da praticidade e a pequena esponja com sabão fazia o serviço pesado conforme prometia. Cox patenteou a invenção e o nome S.O.S em 1918. Em 1919 ele levantou capital vendendo direitos de comercialização, com base em divisão geográfica, para 11 estados do Oeste. Em seguida, pequenas fábricas foram construídas em São Francisco e depois em Chicago. Nos 16 anos seguintes, a S.O.S tinha o controle total do negócio da esponja. Durante esse período, os moradores dos lares americanos descobriram outros usos para a prática esponja com sabão. Ela limpava esquadrias de alumínio, faixas brancas de pneus, equipamentos esportivos de metal, ferramentas, etc. A lã de aço tinha uma espessura muito fina e por isso as esponjas S.O.S não arranhavam as superfícies e deixavam ferramentas em estado deplorável com aparência de novas.

> Não há ponto depois do último "s" do S.O.S porque o sinal internacional de perigo não poderia ser usado como marca de nenhum produto comercial. Ao contrário da crença popular, o S.O.S. não significa "Save Our Ship" (salvem o nosso navio), ou, Save Our Souls (salvem nossas almas); essas letras haviam sido escolhidas, em 1908, porque as letras O e S do código Morse eram de fácil memorização — 3 pontos e 3 traços.

ESPONJA GLORIOSA

As formas

Depois de 17 anos a patente da S.O.S expirou, e em 1935 outras empresas estavam prontas para entrar com força total no mercado da esponja de lã de aço com sabão. Enfrentando concorrentes pela primeira vez em sua existência, a S.O.S lançou a esponja com o formato oval, usado até hoje. A S.O.S passou a investir muito mais em publicidade do que estava habituada, para enfrentar o desafio dos novos competidores.

Quando os Estados Unidos entraram na Segunda Guerra Mundial, a produção de aço foi racionada e apenas pequenas quantidades de aço estavam à disposição para uso doméstico. A S.O.S foi contratada para fazer lã de aço para as Forças Armadas, onde era usada em camuflagens. Depois da guerra, as vendas de esponjas saponificadas quadruplicaram entre 1947 e 1957, acompanhando o aumento das vendas de utensílios de cozinha de alumínio, o padrão nas cozinhas suburbanas.

> Nos Estados Unidos são usadas 2 milhões de esponjas com sabão diariamente.

Em 1958 a empresa foi vendida para a General Foods, que modificou a cor do sabão de rosa para azul. Esta mudança aparentemente insignificante posteriormente se tornou o principal componente de uma campanha publicitária que ajudaria a solidificar a posição da S.O.S como a esponja saponificada nº 1 da nação.

A guerra das esponjas

Os Laboratórios Miles adquiriram a S.O.S da General Foods por US$ 55 milhões em 1968. Os Laboratórios Miles eram conhecidos como os fabricantes do Alka-Seltzer, cujos comerciais de televisão

ESPONJA GLORIOSA

no final dos anos 1960 foram criados por Doyle Dane Bernbach ("Não acredito que consegui comer tudo" e "Speecy, o bolinho de carne bem apimentado"). Essas propagandas introduziram um pouco de humor nas costumeiramente sisudas propagandas de analgésicos. A Miles entregou a conta de publicidade de sua esponja saponificada para a DDB.

Com o passar dos anos, a Brillo havia se tornado a marca dominante de esponja com sabão no mercado de Nova York. O time criativo da DDB seguiu a estratégia competitiva de comparar as esponjas, demonstrando que as esponjas de lã de aço S.O.S continham mais sabão e duravam mais tempo. A seguir, a campanha mostrou o "Grande Azul" contra a "Esponja Rosa". A Brillo nunca foi mencionada nominalmente. Na primeira campanha, um animado tiroteio de pistola d'água mostrava o azul S.O.S saindo vencedor do duelo contra a esponja rosa.

> A esponja com sabão da marca Brillo tornou-se tão familiar aos nova-iorquinos que eles a usavam como verbo genérico, dizendo, por exemplo, eu "brilloei" as panelas hoje.

Em 1994, a Clorox adquiriu a S.O.S do Laboratório Miles. Com a Clorox como o novo proprietário — o quarto — na história da empresa, o produto continua sendo vendido na, agora familiar, caixa amarela, contendo as esponjas com sabão azuis.

38 AS PÁGINAS AMARELAS
POST-IT

Transformando prata em ouro

Arthur Fry adorava cantar no coro da igreja: só não gostava de perder a marcação do trecho do livro dos hinos que estava cantando; o que ele não conseguia evitar, mesmo inserindo pedaços de papel entre as páginas. Muitas vezes os pequenos marcadores de papel caíam. Fry, que era um cientista da 3M de Saint-Paul, no Minnesota, lembrou-se de um adesivo tipo "não-cola" desenvolvido havia alguns anos por um colega chamado Spencer Silver. O adesivo de Silver tinha uma propriedade incomum: era forte o suficiente para unir duas partes e apesar disto ele podia ser facilmente removido posteriormente. Fry acabaria desenvolvendo um uso mais prático e generalizado para a "não-cola": **Post-it Notes**.

> O nome original do Post-it era Press and Peel.

Segura firme

Desde que foi criada a escrita, os escribas estão sempre à procura de maneiras de unir as páginas. Os romanos resolveram o problema enrolando folhas de pergaminho e guardando-as em longos tubos. Nos tempos medievais as folhas de papel eram amarradas com um laço ou uma corda, que era inserida através de minúsculas incisões, feitas no canto superior esquerdo das páginas com uma faca.

Alguns dos primeiros prendedores de arame lembram o mecanismo de mola que encontramos nas pranchetas de hoje. Mas as extremidades serrilhadas viviam perfurando os papéis que deveriam unir. Era necessário um prendedor metálico mais simples.

AS PÁGINAS AMARELAS

Um norueguês de nome Johan Vaaler é considerado o inventor do clipe, criado em 1899. Um ianque chamado Cornélius Brosnan desenhou um clipe de extremidades arredondadas e que dava uma volta interna. Ele o chamou de Konaclip e era feito com "olhos" dentro de uma estrutura de arame, para diminuir a chance de um clipe enganchar no outro.

> A cor amarela do papel de anotações Post-it foi escolhida, porque contrastava com a cor branca da correspondência do escritório.

O sucesso financeiro, entretanto, seria obtido pela Companhia Gem que, em 1899, adquiriu patente, não do clipe, mas de uma máquina para produzi-los em massa. Em 1908, a Gem podia anunciar orgulhosamente o "clipe mais popular dos Estados Unidos".

Deixe com o Fry

Fry foi ao trabalho com a firme intenção de investigar o potencial do marcador de páginas da "não-cola". A 3M havia começado uma política chamada de "contrabando" que permitia aos seus cientistas gastar 15% do tempo com projetos de interesse pessoal. Inicialmente a dosagem de adesivo foi excessiva. Fry disse: "Algumas das páginas do hinário em que testei o Post-it provavelmente ainda estão grudadas".

A etapa seguinte, encontrar o tamanho ideal do papel, levaria apenas 18 meses. No entanto, o pessoal de marketing da 3M não ficou convencido: por que o consumidor iria pagar um bom preço por um papel de anotações adesivo, quando podia usar papel de rascunho?

O segundo obstáculo foi colocado pelos engenheiros mecânicos da 3M, que achavam difícil aplicar uma camada uniforme do adesivo em apenas uma faixa estreita do papel. Sem se abalar, Fry montou no porão de sua casa uma máquina que conseguiu superar o problema da aplicação do adesivo.

AS PÁGINAS AMARELAS

Na trilha do adesivo

Com o tempo, a 3M concordou em produzir alguns protótipos e testá-los com as secretárias da empresa. A reação dos funcionários foi entusiástica, mas isto não foi suficiente para impressionar o departamento de marketing da 3M.

A 3M conduziu testes de mercado em quatro cidades que resultaram em vendas aceitáveis, mas nada extraordinárias. Mas, quando os executivos examinaram os dados da experiência mais detalhadamente, perceberam que alguns representantes se desfizeram do produto, sem registrá-los como vendas. A empresa interrogou esses representantes e descobriu uma constante — amostras grátis.

A 3M optou assim por um teste definitivo, com uma maciça distribuição de amostras grátis. A empresa contratou pessoal temporário da agência Manpower para fazer demonstrações ao vivo. Uma "intenção de compra" de 50% teria sido considerada excelente; o Post-it registrou fenomenais 90%.

> No Japão os Post-its são longos e estreitos.

Em 1980 o produto podia ser encontrado em todos os lugares dos Estados Unidos, e em 1981 foi lançado na Europa. Em 1983 suas vendas totalizaram US$ 45 milhões e por alguns anos elas foram crescendo a uma taxa estimada de 85% anuais. Em 1984, os Post-its se tornaram o produto novo de maior sucesso da história da 3M.

Uma anotação final

A 3M procurou expandir as vendas por meio do desenvolvimento de novos conceitos e tamanhos para os papéis de anotação. Os tamanhos iniciais eram de 1 ½ x 2 polegadas e 3 x 5 polegadas, e foi cria-

AS PÁGINAS AMARELAS

do um tamanho de 5 x 8 polegadas. Em 1981 a empresa lançou a Bandeja de Papéis de Anotação Post-it, para que usuários desleixados mantivessem os práticos papéis num único lugar. Em 1985 a marca expandiu seus produtos lançando blocos de inúmeras cores, inclusive luminescentes, que os distribuidores começaram vendendo com mensagens pré-impressas, nomes de empresas e logotipos.

Hoje, os Post-its estão entre os quatro materiais de escritório mais vendidos, junto com papel de copiadora, pastas de arquivo e fita adesiva transparente. O seu sucesso pertence a Arthur Fry que recebeu da companhia o prêmio Sociedade Carlton, uma honraria dada à mais alta conquista científica dentro da empresa. Um genial cantor de coral tomou a tecnologia de um colega e a transformou num artigo de vendas multimilionário.

39 O PRECIOSO RECIPIENTE
DIXIE

O papel funcional

Num dia quente de agosto de 1909, o velho Zeke pegou sua carroça para ir à empoeirada cidade do Kansas em que havia nascido, comprar forragem para os animais. Ele parou para se refrescar com a água do poço situado no meio da rua principal. Esse poço fornecia água para os habitantes e os animais da cidade desde 1804. Zeke tomou alguns goles "generosos" do tanque comunitário. Um mês depois, o velho Zeke teve uma morte horrível causada por hepatite.

Zeke é apenas uma figura imaginária, um símbolo dos muitos que morreram da mesma maneira. O comissário de saúde do estado do Kansas, o médico Samuel Crumbine, tinha certeza de

> "Copos Dixie" foi o quarto nome do produto; um dos nomes anteriores foi Health Kups (copos saudáveis).

que as vítimas contraíam doenças transmitidas por germes que se encontravam em poços públicos. Logo as autoridades começaram a decretar leis que proibiam o uso de recipientes públicos, os quais raramente eram lavados ou esterilizados, para beber. Um indivíduo do Kansas, que abandonara seu curso na Universidade de Harvard, foi quem substituiu as conchas de apanhar água dos bebedouros públicos pelos Copos **Dixie**.

Águas turbulentas

Água. Sem ela não haveria vida. Mas água contaminada pode matar. Epidemias de cólera e de disenteria são causadas por água contaminada por dejetos humanos. Quando Robert Koch, o cientista ale-

O PRECIOSO RECIPIENTE

mão do século XIX comprovou que uma bactéria invisível causava doenças infecciosas, surgiram fortes suspeitas de que muitos desses microrganismos viviam na água. Ainda levaria muitos anos antes que a população mundial reconhecesse que o tanque comunitário continha germes mortais.

Na primeira década do século XX, cientistas americanos investigaram o contágio por germes em logradouros públicos. O professor Alvin Davison, do Lafayette College na Pensilvânia, examinou canecas de água de bebedouros públicos sob o microscópio e encontrou germes contagiosos. Graças à lei Corumbine/Kansas e às pesquisas de Davison, as legislaturas estaduais, uma a uma, decretaram leis proibindo que recipientes de beber fossem compartilhados, nas cidades ou nas fábricas.

> O presidente da Liga Anti-Saloons elogiou publicamente os copos Dixie, porque agora os homens que precisassem beber água não teriam de entrar no recinto dos Saloons e serem tentados a beber cerveja ou destilados alcoólicos.

Assistência pública

A intenção original de Hugh Moore era tornar disponível ao público a água gelada. Em 1908 ele inventou um recipiente prático para distribuir água gelada, a qual podia ser adquirida por um centavo. O recipiente era um decantador de porcelana branca, dividido em três partes: a parte superior continha um bloco de gelo, a intermediária continha uma garrafa de 20 litros de água pura de fonte e a inferior tinha um dreno para eliminar a água extraída, mas não consumida. Por um centavo, o freguês recebia 150 ml de água num copo de fundo chato e bordas ásperas. Um receptáculo para os copos descartados era colocado ao lado do recipiente. Moore também distribuía literatura para explicar que os copos poderiam ser jogados fora ou guardados, mas nunca reutilizados.

O PRECIOSO RECIPIENTE

O seu copo não transbordou

Por um tempo, Moore equilibrava as receitas e despesas com suas máquinas de água, mas seu objetivo principal era projetar um recipiente para distribuir os copos e não para distribuir água. Ele procurou capital e, finalmente, convenceu o presidente da Companhia American Can a investir US$ 200 mil no projeto. A nova empresa foi chamada de Companhia The Public Cup Vendor (Companhia de Vendas de Copos Públicos), e se tornou uma sociedade anônima por ações em 1909.

No ano seguinte o nome da empresa foi mudado para Companhia Individual Drinking Cup (Companhia do Copo de Beber Individual). Moore tinha a expectativa de que a má reputação do bebedouro público faria de seus copos higiênicos uma venda fácil. Mas as pessoas ainda não estavam convencidas.

> O mais memorável slogan dos Copos Dixie foi: "Dê grandes goles de néctar da natureza neste cálice".

As estradas de ferro do país também resistiam (embora a lei do Dr. Crumbine no Kansas determinasse que nos trens de passageiros que cortavam o estado era proibido usar copos comunitários). Finalmente as companhias ferroviárias acabaram comprando os copos, inclusive a Estrada de Ferro Lackawanna que transportava muitos passageiros do sexo feminino. Moore concebeu um anúncio em forma de poema que dizia o seguinte:

>> Phoebe querida, preocupar-se você não deveria
>> De beber nos copos que aqui irá encontrar.
>> Se os copos brancos você usar, nenhum micróbio a irá atacar.
>> Em toda viagem com a nossa ferrovia.

Em 1912 Moore mudou o nome de sua empresa pela terceira vez, agora para Health Kups (Copos Saudáveis). Ele pensou que os locais que vendiam refrigerante em copo se tornariam um bom mercado, pois

O PRECIOSO RECIPIENTE

as vendas de porta em porta não compensavam. Mas, mesmo quando um proprietário de loja de refrigerante ficava interessado, o custo-benefício se mostrava ineficaz. O salário semanal de um lavador de louças custava menos que um milheiro de copos. E copos de vidro eram reutilizáveis.

Dixie começa a funcionar

Em 1919 Hugh Moore já era um veterano de dez anos na indústria de copos descartáveis. Ele não estava satisfeito com seu progresso. Talvez o nome Health Cups fosse associado a uma imagem medicinal anti-séptica. Ele começou a procurar um nome com mais peso.

Um dia Moore visitou uma empresa no seu edifício chamada the Dixie Doll Company. O proprietário não sabia a origem do nome, então Moore repetiu-lhe uma história que ele ouvira do seu avô quando era menino. De acordo com

> A propaganda sempre realçou os aspectos higiênicos do copo, fazendo campanhas que *aconselhavam*. "Acabe com os germes usando *Dixie Bathroom Cups*" (Copos de banheiro Dixie).

a lenda, em 1820 os bancos estatais podiam emitir seu próprio dinheiro. Um dos bancos estatais mais famosos era um banco de Nova Orleans que adquirira uma sólida reputação entre os passageiros que trafegavam pelo rio Mississipi, em razão da confiabilidade de sua moeda. A nota de maior tiragem do Banco de Nova Orleans era a nota de US$ 10 com a palavra *dix* (dez em francês), escrita ao longo da nota. O pessoal dos barcos do Mississipi chamava estas notas de "dicsis", devido à sua pronúncia, errada, do "x" francês. Essa área de Nova Orleans ficou conhecida como "Dixie Land."

Ao repetir a história, a palavra *dixie* lhe trouxe uma intuição. Ela era curta, fácil de memorizar. A história era extraordinária. E com a palavra *cup*, ela criava um ritmo agradável: Dixie Cup.

O PRECIOSO RECIPIENTE

Hora do Sundae

A hora da virada para Moore veio com a indústria do sorvete. Tradicionalmente, os sorvetes vinham em embalagens de meio litro, um quarto de litro e quatro litros; ou eram servidos no local em utensílios de vidro, quando então eram tirados de reservatórios maiores. As indústrias de sorvete queriam competir com as barras de chocolate embrulhadas individualmente e os refrigerantes engarrafados no setor de consumo individual "para viagem". Mas precisavam de um recipiente para a porção individual de sorvete. A resposta foi o Copo Dixie.

Hoje consideramos "natural" os bebedouros de água com seus porta-copos de papel. Nós bebemos e jogamos fora o copo de papel sem nos preocuparmos com germes ou doenças, graças ao prático porta-copos de Hugh Moore.

> Pesquisas da Dixie produziram o famoso Copo Dixie para 70 gramas de sorvete, com seu acabamento único e tampa facilmente destacável.

40 CASA DE CERA
CRAYOLA

O pigmento imaginário

Joseph W. Binney fundou a Companhia Química de Peekskill (Nova York) em 1864 para vender produtos usados para proteção e pintura, como zarcão e óxido de ferro, usados no revestimento de celeiros e armazéns. Em 1885 a empresa expandiu sua linha de produtos para acrescentar graxa de sapatos, lápis coloridos e um giz chamado An-Du-Septic-Dustless (que não produzia pó), que os professores adoravam. Foram os professores que imploraram à empresa que fabricasse um lápis de cera (crayon) barato.

Depois de muitos anos de pesquisa, em 1903, a empresa produziu sua primeira caixa de crayons. A nora de Binney foi convidada a escolher um nome para a recém-desenhada caixa verde e amarela. Ela combinou a palavra francesa para giz ou bastão colorido, craie, e acrescentou o sufixo *ola*, um diminutivo de oleaginosa. Os americanos iriam conhecer o "bastão de giz colorido oleoso" da Binney & Smith pelo famoso nome: **Crayola**.

> As cores mais populares de Crayola são azul, vermelho, violeta e verde. A marca é reconhecida por 99 de cada 100 americanos.

Momentos coloridos

Os crayons foram usados pela primeira vez na Europa no século XVIII. Os primeiros protótipos foram feitos de uma mistura de carvão e óleo, que era despejada em cilindros e eles ficavam parecidos com bastões ocos. Posteriormente, no mesmo século ainda, vários pigmentos foram adicionados e a cera substituiu o óleo e o carvão.

CASA DE CERA

Durante o século XIX, nos Estados Unidos, se as escolas quisessem que seus alunos usassem crayons, elas teriam de importá-los da Europa. Isto era demasiado caro, pois a maioria das escolas americanas tinha uma única sala de aula.

Os pesquisadores da Binney & Smith desenvolveram primeiramente um bastão de crayon de uma só cor (preto carbono) feito de cera, usado para escrever em engradados e barris. O próximo passo no desenvolvimento foi encontrar pigmentos não-tóxicos, porque as crianças gostavam de mastigar os crayons.

A primeira caixa verde e amarela da empresa descrevia seu conteúdo como "Crayons escolares para trabalho educacional com cores". As oito cores originais foram preto, azul, marrom, verde, laranja, vermelho, violeta e amarelo.

> Em 1966 o centésimo bilionésimo bastão de Crayola saiu das linhas de montagem. Ele era de cor azul-pavão e o convidado de honra do evento foi a personalidade da televisão Mr. Rogers.

A Crayola ajudou uma criança dos descampados americanos a ganhar o primeiro prêmio num concurso de desenho local. O artista foi Grant Wood, o pintor de "American Gothic", que se lembra com carinho que a Crayola lhe deu o primeiro impulso.

Aprimorando a forma

Em 1885 a Binney & Smith usou suas instalações de pesquisa química para aperfeiçoar os crayons. Hoje, a empresa ainda mantém seu método centenário de fabricação. Primeiramente, a parafina é liquefeita, depois ela é despejada num molde contendo 2.400 fendas, e em seguida a cera é resfriada com água. Cada cor exige um período de resfriamento específico, que varia de quatro a sete minutos.

CASA DE CERA

Depois do resfriamento os crayons são retirados dos moldes por pressão hidráulica. Crayons com pontas quebradas, extremidades lascadas ou cores não uniformes são devolvidos ao tanque de mistura para serem derretidos e moldados novamente. Finalmente os crayons são inseridos nas máquinas que colam as etiquetas. Embora os crayons tenham hoje 112 cores diferentes, as etiquetas têm apenas 18 variações de cor. As etiquetas dão duas voltas no crayon para garantir maior firmeza.

> No decorrer do tempo a questão do politicamente correto determinou a mudança de alguns nomes de cores de crayons, a saber: O Azul-da-Prússia se transformou no Azul-noite. Cor-de-carne se tornou pêssego para não ser associado à cor da pele.

Os crayons Crayola seguem os padrões industriais estabelecidos pelo Instituto de Materiais de Arte & Artesanato, que visam os consumidores bem informados.

Artistas mirins

Os crayons da Crayola são seguros, duradouros e oferecem a possibilidade de horas de atividade em dias chuvosos. Hoje, a criança média americana passa meia hora por dia colorindo. Isto equivale a 6,3 bilhões de horas colorindo, em um ano.

Para os estudantes de arte, a Binney & Smith acrescentou a linha de crayons Rubens em 1920. Em 1936 a empresa se tornou sócia-fundadora do Instituto de Arte Crayon e Aquarela, que promove a segurança na produção de material

> Os Crayons ocupam o 18º lugar entre os 20 aromas mais reconhecidos pelos americanos. Café e manteiga de amendoim são 1º e 2º.

CASA DE CERA

para as artes. Em 1948 a empresa instituiu um programa de formação de professores, que oferece diretrizes para ensinar arte e cores a crianças nas escolas.

Cornucópia colorida

Quando, em 1949, a Binney & Smith decidiu adicionar mais cores às suas oito básicas, os Estados Unidos ficaram na expectativa das novidades. Em 1957 havia 48 cores e posteriormente 24 novas foram acrescentadas. Muitos dos tons imitavam cores de tinta a óleo — marrom-avermelhado, laranja-queimado e cor-de-ameixa. Para se manter atualizada, a Binney & Smith acrescentou cores "quentes": laranja-cítrico, verde-limão e rosa-choque.

Em 1990 a empresa aposentou oito cores — ferrugem, milho, amarelo-limão, cinza-azulado, azul-violeta, amarelo-laranja, azul-esverdeado e vermelho-alaranjado — e as colocou na "Calçada da Fama Crayola". Essas cores eram tão populares que se criaram grupos de protesto pedindo a sua reintegração. Os grupos até criaram acrônimos para as cores desaparecidas, incluindo a RUMPS — Raw Umber and Maiz Preservation Society (Sociedade pela Preservação das Cores Ferrugem e Milho) e CRAYON — Committee to Restablish All Your Norms (Comitê pelo Restabelecimento de Todas as suas Normas Antigas).

A Binney & Smith lançou oito novas tonalidades nesse mesmo ano. Elas eram fortes e brilhantes, de acordo com as cores que a garotada queria: celeste, fúcsia, tangerina forte e morango silvestre.

Em 1992 a Binney & Smith lançou seu "Pacote Global", oito cores multiculturais, que refletiam todo o espectro das tonalidades da pele humana. Em 1993 mais 16 crayons nasceram, elevando o total completo para 96 cores. Num golpe de publicidade a Binney & Smith convidou os

CASA DE CERA

consumidores a dar o nome de suas últimas criações. Dois milhões de pessoas enviaram sugestões. Se você não gosta de nomes como macarrão com queijo ou floresta tropical não pode culpar a empresa, mas se quiser culpá-la, você terá de entrar em contato com a Hallmark, que adquiriu a Binney & Smith em 1984.

41 O DOCE SENHOR
TOOTSIE ROLL

Em bastão

Leo Hirshfield era um imigrante austríaco ambicioso, com ampla visão e que chegou aos Estados Unidos em 1896 em busca de uma vida melhor. Sua família se instalou numa pensão de Nova York e ele começou a pesquisar nas ruas o que se encontrava em termos de doces. Comeu balas toffee, puxa-puxa, nozes confeitadas, balas de hortelã, de aniz e caramelos. Porém Hirshfield se entusiasmou com o que ele não encontrou: uma bala achocolatada mastigável. No seu bolso havia uma receita perfeita para um delicioso doce desse tipo. E ele agarrou a oportunidade. Sua mulher sugeriu que ele desse ao confeito o nome de sua filha Clara. Ele concordou, mas preferiu usar o apelido da menina de cinco anos, Tootsie: **Tootsie Roll**.

> Companhia Sweets da América, foi o nome original da empresa que fabricava o Tootsie Roll. Em 1922 suas vendas eram de US$ 1,3 milhão; em 1996 elas atingiram US$ 313 milhões.

Doces sensações

Em 1893 Milton Hershey começou a produzir a amêndoa de chocolate e os tabletes de chocolate ao leite que o mundo conhece e aprecia até hoje. Naquela época a Companhia Hershey fabricava também os caramelos McGinties — que tinham a forma de um feijão e eram vendidos por um centavo de dólar cada 10 unidades — Jim Cracks, Uniques, Empires e Coconut Irises.

Em 1896, para o novato Hirshfield, concorrer com a Hershey deve ter parecido uma tarefa formidável. Mas o austríaco estava contando com

O DOCE SENHOR

duas diferenças fundamentais: o formato único do seu doce (o bastão contrastava fortemente com os tabletes retangulares) e a promessa de fazer o doce durar mais tempo.

O primeiro lote de Tootsie Rolls foi produzido no Brooklyn, Nova York. Os primeiros anos foram duros, mas Hirshfield conseguiu se introduzir nos mercados da cidade de Nova York e subúrbios. O nome estranho ajudava os consumidores a se lembrar da bala, e ela tinha o tamanho exato para ser consumida com uma mordida. Foi também o primeiro doce americano embalado individualmente.

Em 1904, com o crescimento da demanda, Hirshfield decidiu dar estrutura jurídica formal à sua pequena empresa. Um ano depois ele mudou a produção do Tootsie Roll para uma fábrica de quatro andares em Manhattan. Todos estavam se apaixonando pelo delicioso bastão achocolatado mastigável.

Em 1917 o bastão estava em alta. Quando a Força Expedicionária Americana embarcou para a França, o doce era um componente padrão da ração dos soldados da infantaria do exército americano. O pequeno confeito permanecia fresco em seu invólucro, tinha um sabor delicioso e oferecia uma explosão de energia rápida por conta do açúcar. Um pôster de propaganda do Tootsie Roll no fim da guerra mostrava multidões dando as boas-vindas aos ianques com a seguinte legenda: "Quando a rapaziada volta para casa, os Maiorais merecem o melhor. Tootsie Roll". Nesse mesmo ano a empresa adotou o nome de Companhia Sweets da América*. Cinco anos depois em 1922 ela se registrou na Bolsa de Valores de Nova York.

---

* Desvincular o nome do produto ao da fábrica permitia o lançamento de novos produtos. (N.T.)

O DOCE SENHOR

Salva-vidas

O Tootsie Pop foi lançado em 1931, apresentando uma casca dura de açúcar cristalizado que envolvia o familiar Tootsie Roll macio e de sabor achocolatado. Foi um sucesso imediato.

Em 1938, quando as instalações da empresa em Nova York se mostraram acanhadas para a vitalidade do seu crescimento, ela atravessou o rio Hudson para Hoboken, Nova Jersey. As novas instalações, de 3.200 metros quadrados, tinham sistemas de esteiras rolantes para produzir seus dois produtos em massa.

O Tootsie Roll acompanhou os soldados americanos quando os Estados Unidos entraram na Segunda Guerra Mundial. O confeito era altamente valorizado pela sua capacidade de suportar todos os tipos de condições climáticas, do frio gelado nas bases das ilhas Aleutas, no Alasca, ao calor tropical da campanha no Norte da África. Acompanhando a trilha da vitória da Normandia a Berlim, a pequena guloseima americana foi fazendo amigos, conforme os soldados iam jogando punhados de doces para as multidões libertadas.

O piloto de combate da Segunda Guerra Mundial, Frederick Arnold, escreveu em sua autobiografia, *Doorknob Five Two*, como os Tootsie Rolls salvaram a sua vida. Quando seu avião foi abatido e ele desceu de pára-quedas no deserto do Saara, ele não tinha nada para comer além de Tootsie Rolls. Depois de caminhar pelo deserto por horas ele se recompensou com um pedaço do confeito. Ele andou a esmo por três dias antes de encontrar uma tribo nômade do Norte da África que lhe deu as boas-vindas — apenas depois que ele lhes ofereceu Tootsie Rolls.

> Sammy Davis jogava Tootsie Rolls para a platéia quando foi o astro do show da Brodway "Candy Man".

O DOCE SENHOR

David entre os Golias

Em 1948, sob o comando do novo presidente da empresa, William Rubin, o Tootsie Roll patrocinou programas de televisão infantis, incluindo "Howdy Doody", "Rin-Tin-Tin" e "Rocky and Bullwinkle". A jovem sorridente posando com um Tootsie Roll na propaganda publicada em uma edição de 1950 da revista *Life* era a filha de Rubin, Ellen. Hoje, Ellen Gordon é presidente da empresa.

A família Rubin continua demonstrando que um confeito singular pode competir com gigantes do chocolate como a Hershey e a Nestlé. Embora a empresa detenha apenas um pouco mais de 2% do mercado de US$ 10 bilhões de doces e chocolates, o Tootsie Roll continua sendo o número um da categoria balas puxa-puxa e pirulitos.

Com freqüência a empresa é citada como uma das mais bem administradas do país e foi incluída na lista de honra da *Forbes* de pequenas empresas. Um dos motivos do seu sucesso continuado é a participação ativa da família em todas as etapas: desde a matéria-prima, passando por receitas, embalagem e propaganda — que é feita por sua própria agência doméstica. Os planos futuros incluem exportar para a Europa e Extremo Oriente, que são áreas que têm níveis de consumo per capita 40% mais altas do que os Estados Unidos.

> A expansão internacional da empresa Tootsie Roll começou pelo México, onde o confeito é conhecido como "Tutsi".

Em seu romance *Triple, triplo*, Ken Follett escreveu: "As garotas farão qualquer coisa por um Tootsie Roll". E no romance de Ross Thomas *The Eighth Dwarf*, um personagem pergunta, "Você pode imaginar uma nação conquistadora com um doce chamado Tootsie Roll?".

42 UM PONTO NO TEMPO
MÁQUINAS DE COSTURA SINGER

O Singer mambembe

Isaac Merritt Singer nasceu em Pittstown, Nova York, em 1811. Aos 12 anos ele fugiu de casa para se juntar a uma trupe itinerante de artistas de rua. Ele também era um conhecedor de máquinas, que havia inventado um bloco de madeira usado para fabricar moldes de tipografia. Enquanto visitava Boston em 1850, fez uma visita a uma loja de máquinas onde Orson Phelps havia tentado fabricar uma nova máquina de costura. Singer estudou o modelo de Phelps e sugeriu três modificações; mais tarde, ele mesmo implementou os aprimoramentos, criando assim a Máquina de Pontos de Costuras com Correia de Ação Perpendicular, que ele patenteou em 1851. Posteriormente, Singer levou a máquina a feiras e quermesses de igreja para mostrar a facilidade e velocidade da máquina de dar pontos, comparados com o demorado trabalho manual.

Vieram muitos pedidos de fabricantes de roupas e não demorou para Elias Howe, que havia obtido a primeira patente de máquina de costura em 1846, se inteirar da atividade de Singer. Em 1854 Howe foi bater à porta de Singer e exigiu US$ 25 mil por violação de patente. No final, um advogado inteligente de Nova York fez com que todos ficassem ricos e levou a máquina de costura a milhões de lares no mundo inteiro: **Máquinas de Costura Singer**.

> O Mahatma Ghandi aprendeu a costurar numa máquina de costura Singer, enquanto cumpria pena de prisão imposta pelos ingleses na década de 1930.

UM PONTO NO TEMPO

E Howe

Elias Howe, nascido em Massachussets, havia inventado a máquina de costura do ponto com nó, um aparelho que conseguia dar 250 pontos por minuto. O seu primeiro modelo não deu certo porque ele não conseguiu imitar com perfeição a ação da mão humana. No segundo modelo, ele aperfeiçoou a máquina e acrescentou uma agulha e um alimentador de linha intermitente. Mas foi o criativo pedal que obedecia à pressão do pé, inventado por Singer, que tornou a máquina verdadeiramente prática.

Singer sabia que o processo movido por Howe poderia significar sua ruína financeira, então ele procurou um jovem advogado de Nova York chamado Edward Clark. Clark aceitou o caso em troca da propriedade de um terço do florescente negócio da empresa Singer. O advogado sabia que, se as partes cooperassem, todos se beneficiariam da patente de Howe e da inventividade de Singer.

Em 1854 Clark conseguiu reunir 24 empresas fabricantes de máquina de costura dos Estados Unidos e criar a primeira patente nacional do país, chamada de Sewing Machine Combination. Sob as regras do acordo, as máquinas seriam vendidas por US$ 15 e Singer e Howe receberiam US$ 5 por cada máquina vendida no mercado doméstico. O acordo durou até 1877, a data da expiração da patente.

> Até 1830 os pontos eram dados à mão, à razão de 30 pontos por minuto. Um alfaiate francês inventou a primeira máquina que conseguia dar 200 pontos por minuto. Sua fábrica foi atacada por uma massa de irados alfaiates e todas as suas máquinas foram destruídas.

Howe foi esperto ao aceitar o acordo em consórcio, porque àquela altura a empresa Singer havia abocanhado uma grande fatia do mercado, e ele não tinha uma fábrica para manufaturar suas máquinas.

UM PONTO NO TEMPO

Após algum tempo, Howe abriu uma fábrica em Bridgeport, Connecticut. Ele ficou rico com os milhões de dólares faturados com os direitos da Combination. Ele até sustentou um regimento de infantaria completo, no qual serviu como soldado, durante a guerra civil.

Tudo costurado

Embora Singer tenha se mostrado o inventivo cérebro mecânico por trás do negócio, foi a astúcia comercial de Clark que empurrou a máquina de costura e o nome de Singer para a linha de frente do mercado mundial. Ele foi o primeiro a reconhecer que as máquinas de costura poderiam ser vendidas para outros, além dos alfaiates e da indústria de confecções. O mercado das costureiras e das donas-de-casa estava totalmente virgem.

Clark prometeu pagar até US$ 50 para qualquer um que trouxesse uma máquina de costura usada, para ser dada como entrada na aquisição de um modelo Singer novo. Essa promoção, a primeira do gênero na história, triplicou as vendas da Singer em 1856.

A segunda idéia brilhante de Clark foi um conceito chamado vendas a prestação, que possibilitou a qualquer residente de um lar americano adquirir a máquina de US$ 125. Ele o chamou de "Plano Comprar-Alugar", com US$ 5 de entrada e prestações mensais de US$ 3. Para promover sua estratégia, Clark, que tinha uma boa cabeça para conceber truques de vendas, também oferecia a mulheres famosas e respeitadas um desconto de 50%.

> A Companhia Singer anunciava suas máquinas de costura como o "produto mais usado e mais conhecido do mundo".

Clark também contratou e treinou costureiras profissionais para demonstrar em vitrines de grandes lojas a facilidade de se operar as máquinas.

UM PONTO NO TEMPO

Os transeuntes paravam para olhar e se maravilhavam com as peças costuradas com a simples pressão e soltura de um pedal.

Em 1863 a sociedade de Clark com Singer se dissolveu, supostamente, porque a vida dissoluta levada por Singer se tornou pública. Dizia-se que ele era pai de 24 filhos, com quatro mulheres diferentes. Quando o clamor público aumentou, ele fugiu para a Inglaterra, onde continuou levando sua vida extravagante até morrer em 1875. Clark permaneceu na presidência da empresa até sua morte, em 1882.

Passos gigantescos

Em 1861, oito anos depois que Singer havia começado a vender suas máquinas, a empresa começou a vender modelos na Europa. Em 1867, ele começou a fabricá-las na Inglaterra. Gradualmente fábricas foram abertas em toda a Europa. Em 1910, a filial escocesa em Clydebank era a maior de todo o mundo, ocupando mais de 40 mil metros quadrados de área e empregando mais de 3.500 operários. Lá estava também a única estação ferroviária da Grã-Bretanha que foi batizada com o nome da fábrica.

Como as máquinas Singer podiam ser construídas com aço e madeiras locais, o processo de fabricação podia ser facilmente adaptado a localidades do exterior. Na Rússia imperial, uma das principais tentativas do czar de inaugurar a Revolução Industrial no seu país foi construir uma fábrica Singer nos arredores de Moscou. O vasto mercado russo fez dessa fábrica a número um em vendas da Singer no mundo.

UM PONTO NO TEMPO

Expresso Oriente

As vendas de máquinas de costura nos Estados Unidos caíram 50% do início dos anos 1970 até meados de 1980. Era mais barato comprar roupas feitas do que costurar. Ao mesmo tempo, a Companhia Singer estava com dificuldades para competir com a concorrência emergente do Japão, Taiwan e Coréia do Sul.

Em 1992 a Companhia Máquinas de Costura Singer foi adquirida pela International-Semi Tech Microeletronics, um conglomerado multinacional sediado em Hong-Kong. Ela entrou numa associação com a Companhia de Máquinas de Costura de Shangai para vender máquinas a preços moderados no vasto mercado chinês.

O nome Singer ainda evoca uma imagem de qualidade, eficiência e estilo. A Singer é um dos 25 produtos que mantiveram sua posição de líder de mercado, desde que esta estatística começou a ser feita, em 1923. Mahatma Ghandi a definiu muito bem: "A máquina de costura foi uma das poucas coisas úteis já inventadas".

43 COMIDA CASEIRA
BOSTON MARKET

Garotos maravilha

Elas saturam a paisagem dos Estados Unidos: franquias de *fast-food* vendendo hambúrgueres, pizzas, sanduíches, frango frito, carne assada, comida mexicana, biscoitos, iogurte, donuts, sorvete e outros. Parecia improvável haver espaço para mais uma. Mas em 1985, Arthur Cores, um gerente de mercearia de comidas finas, de 33 anos, e seu amigo Steve Kolow, um gerente de imobiliária de 29 anos, pensaram que as pessoas que não tinham tempo para cozinhar adorariam levar para casa refeições "caseiras". Cores e Kolow pegaram as receitas de suas avós para caldo de galinha, biscoitos de cevada e outros campeões de preferência. O cardápio era simples: frango marinado, assado num forno de tijolos, purê de batatas "verdadeiro", abóbora fresca e pão de milho. Com um investimento de US$ 40 mil, eles abriram a sua loja em Newton, Massachussets, em dezembro de 1985 e escolheram um nome simples também: **Boston Chiken**.

> A Boston Chicken se tornou *líder de mercado* em menos de dois anos, a mais rápida subida ao topo de qualquer rede de *fast-food* e uma prova de que ainda existem oportunidades no setor de alimentos dos Estados Unidos a serem exploradas.

Febre de franquias

No *boom* comercial da década de 1950, o ressurgimento de uma antiga estratégia comercial chamada *franchising*, ofereceu a milhares de americanos a oportunidade de serem donos de seu próprio negócio. O conceito era simples: uma empresa varejista bem conhecida e anuncia-

COMIDA CASEIRA

da nacionalmente iria "vender" os direitos de imitar sua operação em troca de um valor como "luvas" e uma taxa mensal de direitos de propriedade, que seria cobrada em forma de uma porcentagem de todas as vendas futuras. Além disso, a

> Originalmente a Boston Chicken exigia, como pré-condição para se candidatar a uma franquia sua, que os candidatos comprovassem já ter administrado outras redes de *fast-food*.

companhia-mãe iria treinar o novo proprietário a gerenciar o negócio, rigorosamente dentro do padrão da rede. A cada semana, uma porcentagem das vendas brutas, mais um adicional para marketing e publicidade, seriam pagos à companhia-mãe.

América on line

Em 1989, George Nadaff, a pedido da sua esposa foi à Boston Chicken, comprar o jantar. Ele examinou o cardápio; a opção era uma refeição caseira básica — frango assado com purê de batatas, saladas e outros acompanhamentos. O restaurante estava envolto com os deliciosos aromas de uma cozinha em Dia de Ação de Graças.

Nadaff era proprietário de 19 lojas Kentucky Fried Chicken e reconheceu que este conceito de refeição caseira tinha potencial de franquia. Ele também dirigia uma empresa de capital de risco, que procurava investidores para empresas novatas. Ele voltou diversas vezes para bater papo com os fregueses e finalmente conversou com os proprietários também.

Cores e Kolow já haviam recusado outras ofertas, por medo de perder o controle do negócio. Mas Nadaff apresentou-se como alguém que conhecia o setor de comida e não queria mudar o conceito básico deles. Sob as condições do acordo de venda, Cores e Kolow venderam os direitos da Boston Chicken, mas mantiveram a propriedade da loja original. Eles

COMIDA CASEIRA

também receberam ações da nova empresa. Kolow permaneceu para gerenciar o restaurante enquanto Cores foi para a nova entidade, New Boston Chicken, Inc., como chefe de desenvolvimento de produto.

Nadaff abriu mais duas lojas, que se mostraram tão bem-sucedidas quanto a loja original. As refeições quentes para viagem, por um preço aproximado de US$ 6, tiveram aceitação geral. Em 1990, havia 13 lojas na Nova Inglaterra, gerando vendas de US$ 8 milhões, e em 1991 havia 29 lojas e mais de US$ 21 milhões de faturamento.

> A Boston Chicken foi eleita a rede de frangos favorita dos Estados Unidos, pela revista *Restaurantes e Instituições*.

Um frango em cada panela

Saad Nadhir, um sócio da Blockbuster Entertainment, viu uma longa fila de pessoas esperando do lado de fora de uma Boston Chicken em Newton, Massachussets. Ele entrou, examinou o movimento e depois voltou com seu colega Scott Beck.

Beck era um gênio empresarial. Alguns anos antes, ele havia convencido seu pai a comprar uma das primeiras franquias Blockbuster e Wayne Huzienga, a adquirir a empresa e a torná-la uma sociedade anônima. Aos 33 anos, Beck vendeu sua parte na Blockbuster Vídeo por US$ 120 milhões. Ele estava ansioso por encontrar um outro empreendimento de milhões de dólares e viu o potencial da Boston Chicken.

> Simbolicamente a milésima loja Boston Chicken foi aberta em Boston em 1996.

Em maio de 1992, uma nova sociedade, formada por Nadhir, Beck e um terceiro investidor, adquiriu o controle da Boston Chicken, Inc. Na compra, Cores, Kolow e Nadaff ficaram ricos da noite para o dia.

COMIDA CASEIRA

Em dezembro de 1993, o novo time de gerentes-proprietários mudou a sede da empresa para Chicago e no mesmo ano abriu 182 novos restaurantes. Eles colocaram suas ações na bolsa Nasdaq, com uma oferta pública inicial que levantou US$ 54 milhões. Em agosto de 1994, nove meses depois de estarem listados na Nasdaq, cada ação rendeu outra. Os investidores ficaram interessados nas informações que a empresa abriria sua 500ª loja até o final do ano. Em LaBrea, Califórnia, a 4.500 quilômetros de Boston eles cumpriram a promessa.

A pista de alta velocidade para o mercado

Os novos proprietários e sua equipe de experimentados executivos da área de *fast-food* chegaram à conclusão de que o conceito embutido no nome de ter apenas frango na casa iria inibir o crescimento, então decidiram ampliar o menu para incluir peru, presunto e bolo de carne, e mudaram o nome para Boston Market. Comidas mais leves no almoço foram lançadas sob o nome de Sanduíches Fatiados Boston. As lojas também vendiam presuntos e perus assados em espetos giratórios.

Os planos futuros prevêem a abertura de 3.500 restaurantes nos próximos cinco a sete anos, um total que irá aumentar significativamente quando a rede se tornar internacional. Em todo o mundo qualquer um poderá apreciar uma refeição caseira da Boston Market.

44 TURBILHÃO DE SUCESSOS
JACUZZI

Tudo em família

No início do século XX, os sete irmãos Jacuzzi — Candido, Gelindo, Giuseppe, Franco, Valeriano, Giacondo e Rachelle — imigraram da Itália para São Francisco, Califórnia. Nos Estados Unidos eles inventaram um monoplano de cabine fechada, que lhes trouxe sucesso na indústria aeronáutica e também faziam bombas d'água para uso agrícola. Em 1956, a necessidade de um membro da família se submeter a um tratamento hidroterápico diário levou os engenheiros da empresa a construir uma bomba para banheira doméstica, que podia ficar imersa na água, que foi chamada de J-300. Em 1968, Roy, um dos netos dos irmãos adaptou a bomba J-300 para fazer produzir turbilhões em banheiras. Isto iria adicionar um novo significado à frase "tomar um banho de banheira": Jacuzzi.

> Jacuzzi é a única *marca comercial* registrada, que foi incluída como verbete tanto no dicionário *Oxford* quanto no *Webster*.

Hora do banho nacional

Os banhos rituais são conhecidos desde o antigo Egito. A primitiva civilização do mar Egeu, criou banhos públicos para as classes populares e os gregos se deliciavam nos banhos esquentando a água e instalando chuveiros. Os romanos eram conhecidos por suas gloriosas casas de banho públicas que eram construídas com revestimentos de mármore e ornamentados com belos mosaicos e metais dourados. Ruínas de algumas dessas grandiosas casas de banho ainda estão de pé em Caracalla, nos arredores de Roma.

TURBILHÃO DE SUCESSOS

Os banhos públicos não faziam parte de nenhuma cultura européia depois do declínio do Império Romano. Os banhos comunitários eram vistos como um risco à saúde. Não é simples coincidência que o declínio do hábito dos banhos correspondesse a um aumento do uso de perfumes e essências corporais e ao hábito de carregar ramalhetes de flores cheirosas.

Mas conforme uma quantidade maior de europeus se espremiam em cidades grandes, mais casas de banho públicas pagas foram se tornando comuns. Os imigrantes europeus, que vieram para os Estados Unidos na década de 1880, trouxeram com eles o conceito de banhos públicos.

> As mais famosas instalações de balneário romano encontram-se em Bath, Inglaterra, cujas águas foram chamadas de *aqua solis*, (as águas do sol), porque eram aquecidas por fontes naturais.

As casas de banho no Lower East Side de Nova York formam um exemplo de banhos públicos em grande escala. Eles continuaram sendo usados como pontos de encontro, bem depois que os apartamentos passaram a ser construídos com instalações de banho individuais.

A água funciona

Na década de 1960, os americanos começaram a ficar obcecados com saúde e preparo físico. Roy Jacuzzi, recém-formado em engenharia pela Universidade de Berkeley, Califórnia, foi indicado para comandar o departamento de Pesquisa e Desenvolvimento da Companhia Jacuzzi. Ele supôs, inteligentemente, que poderia combinar a longa história e especialização da empresa em bombas d'água hidráulicas com a moda de saúde e forma física. Afinal, pensou ele, que maneira melhor de relaxar depois de um dia duro de trabalho, ou uma intensa sessão de exercícios na academia, do que uma longa imersão numa banheira de água quente?

TURBILHÃO DE SUCESSOS

Roy mandou os engenheiros da empresa construírem um protótipo de banheira com rodamoinho, em 1968, uma unidade individual chamada Banho Romano. Este foi o primeiro sistema construído sem bomba portátil dentro da banheira. Ele viajou com o modelo, exibindo-o em feiras e exposições de negócios de todo o Oeste. O argumento de venda dizia que pela primeira vez os usuários poderiam sentir o prazer de uma hidromassagem em sua própria banheira.

O sucesso inicial de vendas estimulou Roy a levar o Banho Romano a uma feira específica do setor, onde se mostrou um grande sucesso. Ele voltou com uma pilha de pedidos, acabando com qualquer dúvida que a família ainda tinha quanto à fabricação do sistema embutido de turbilhonamento em banheiras.

A maior viagem na banheira fantástica

A unidade Banho Romano foi seguida pelo modelo Adonis, uma banheira para duas pessoas construída em 1970. A empresa acabaria conseguindo muita publicidade com o desenvolvimento de um sistema seguro com base em ar comprimido, que depois foi ampliado e aplicado em unidades maiores, geralmente instaladas ao ar livre e chamadas de "banheiras quentes". Muitas dessas banheiras eram feitas de cedro e sequóia, madeiras que não se deteriorariam ao ar livre. Pouco tempo depois, a imprensa registrava que a mais nova mania dos californianos eram banhos coletivos numa Jacuzzi.

> A evolução dos clubes de esportes e da medicina esportiva também contribuiu para a popularização da linha de produtos da Jacuzzi, pois um número maior de pessoas passou a procurar os benefícios do *banho* com turbilhonamento, como *tratamento* de dores musculares e contusões.

TURBILHÃO DE SUCESSOS

Banhos nus nas banheiras quentes se tornaram um evento social. Um jantar no bairro nobre de Tiburon, em São Francisco, geralmente incluía que o convidado levasse uma garrafa de Chardonnay e participasse, nu, de um banho de imersão noturno, na ampla banheira comunitária. O cinema e a televisão registravam as cenas de diversão na banheira quente.

Além dos banhos

Conforme o nome da Jacuzzi ia se tornando sinônimo de banheiras com turbilhonamentos, a empresa passou a expandir sua linha de produtos para incluir modelos de banheiras quentes domésticas, com diversos modelos, cores e tamanhos e com diferentes sistemas de controle dos jatos d'água. A empresa também lançou produtos acessórios, para massagear partes específicas do corpo; jatos para o pescoço e bacia.

As mais recentes inovações da Jacuzzi incluem uma série de sistemas de chuveiro que apresentam 16 jatos de hidroterapia e múltiplas funções com cabeças de chuveiro rotatórias. Jatos fortíssimos garantem ao usuário sensações agradáveis ao atingir as diversas partes do corpo. A água pressurizada é bem-vinda como terapia para contusões, distensões, cansaço muscular e estresse.

A Jacuzzi domina o setor. Roy possui mais de 250 patentes de inovações de desenho e tecnologia de turbilhonamento. A empresa tomou as devidas providências legais para impedir que a sua marca comercial não caia na categoria de uso genérico. No futuro, os consumidores de todo o mundo irão se deparar com mais produtos para banho que ostentam a marca Jacuzzi.

45 A CADEIRA DO CHEFE
LA-Z-BOY

Primos caipiras

Os primos Edwin Shoemaker e Edward Knabusch foram criados em Monroe, Michigan, no Lago Erie. Shoemaker trabalhava como carpinteiro numa pequena fábrica e Knabusch trabalhava numa fazenda. Ambos adoravam trabalhar com madeira e sempre diziam que, algum dia, iriam abrir uma empresa de carpintaria juntos. Em 1927 eles transformaram uma garagem na sede de sua empresa de móveis: Kna-Shoe Manufacturing. As primeiras criações dos primos foram casas de bonecas e armários de madeira, mas as vendas não eram regulares e às vezes eles ganhavam apenas US$ 5 por semana. A dupla também criava inovações em móveis que eles mesmos projetavam e construíam. Uma peça em especial, uma cadeira reclinável feita de sarrafos de madeira para se usar na varanda, chamou a atenção de um comprador de móveis em Toledo. Ele pediu que eles fizessem apenas uma alteração: que a peça fosse estofada, para ser usada dentro de casa o ano todo. A **La-z-boy** nasceu.

> Alguns dos nomes rejeitados da cadeira reclinável La-z-boy foram *Sit-N-Snooze*, *Slack-Back* e *Comfort Carrier*.

Sentar e relaxar

A "cadeira confortável" originou-se no século XVIII, no mesmo período da cadeira de balanço, que por sua vez imitava o desenho do cavalinho de balanço, criado 50 anos antes.

A CADEIRA DO CHEFE

A cadeira reclinável americana foi inspirada nas cadeiras estilo Adirondack e nas espreguiçadeiras usadas pelos pacientes tuberculosos no fim do século XIX. Estas cadeiras apareceram pela primeira vez nos sanatórios e eram usadas pelos pacientes convalescentes que as usavam nas varandas para tomar sol e respirar ar fresco e às vezes até para dormir ao ar livre.

A cadeira Adirondack foi famosa por seu amplo encosto de ripas, durabilidade e conforto. Em geral ela era construída em madeira de pinho, que era barata, o que significava que podia ser vendida por um preço acessível.

> Atualmente mais de 50% das vendas de poltronas reclináveis são feitas para mulheres. Em 1996 este tipo de móvel vendeu 6 milhões de unidades.

As confortáveis cadeiras reclináveis

Shoemaker e Knabusch patentearam o design de sua cadeira reclinável e contrataram o filho do comprador de Toledo, para ser o primeiro vendedor da empresa. A cadeira reclinável estofada foi lançada em 1929.

A Móveis Floral City — como a empresa dos primos foi chamada na época — criou a reputação de ser a melhor fabricante de cadeiras reclináveis. O conforto de seus móveis era muito elogiado. Em um tempo econômico difícil, os primos tiveram a sabedoria de fazer escambo de suas reclináveis por gado. No final da década, Shoemaker tinha mais animais do que no tempo em que era fazendeiro e a Móveis Floral City sobreviveu à Grande Depressão.

> A La-z-boy está no *Livro Guiness de Recordes Mundiais* porque o garoto-propaganda Jim Backus, fez um número recorde de 15 mil comerciais de rádio e televisão para eles.

A CADEIRA DO CHEFE

Tendo observado as margens de lucro das lojas de varejo, os primos decidiram abrir sua própria loja no centro de Monroe. Para encontrar um nome que chamasse atenção, eles patrocinaram um concurso. O nome vencedor — que dizia tudo — foi La-z-boy (menino preguiçoso).

Na década de 1930, o sucesso dos primos passou a depender da Feira Anual de Móveis da sua cidade, que atraía compradores das comunidades vizinhas. O evento — completo com lona de circo, barracas de prêmios, roda-gigante e atrações especiais para a criançada — levou a Móveis Floral City para a primeira divisão.

Em 1939, para manter sua vantagem competitiva, Shoemaker desenhou e patenteou um mecanismo de alavanca para ajustar a posição da cadeira. Este foi colocado numa posição bem cômoda, na lateral da cadeira.

Assentando o plano

Durante a Segunda Guerra Mundial a empresa teve de deixar de lado o seu negócio tradicional e construir assentos para tanques e almofadas antichoque. Mas em 1947, a La-z-boy retornou a todo vapor à produção de móveis. A década de 1950 viu um crescimento inédito na construção de lares urbanos, responsável por uma explosão nas vendas: todo homem da casa queria uma confortável cadeira reclinável La-z-boy.

Na década de 1960, a empresa contratou como garoto-propaganda, uma série de celebridades: Bing Crosby, Ed McMahon e Johnny Carson, todos eles se sentaram na cadeira famosa. Os comerciais de televisão se mostraram tão populares quanto lucrativos. Mas foi Jim Backus, com seu alter-ego Mr. Magoo

> A criação mais singular da história da La-z-boy foi uma cadeira reclinável *erótica*, *toda forrada de mink*, desenhada para imitar um assento de automóvel.

A CADEIRA DO CHEFE

quem cativou o público de rádio e televisão, mandando as vendas para a estratosfera, de US$ 1 milhão para US$ 53 milhões em uma década. O lançamento da Reclina-Rocker no final da década de 1960, a cadeira reclinável de balanço, aumentou ainda mais a popularidade da La-z-boy.

Elegantemente sentados

Hoje em dia a La-z-boy domina uma fatia de 75% do mercado das cadeiras reclináveis. Entrando em outras áreas, a empresa se tornou a terceira maior fabricante de móveis estofados do país. As Galerias de Móveis La-z-boy exibem "quartos" com decoração coordenada com móveis La-z-boy. Essas galerias têm vendas maiores por metro quadrado que qualquer outra loja de móveis convencional.

Muitas cadeias de lojas e varejistas de móveis regionais têm Galerias La-z-boy devido ao apelo da marca. Comprovadamente, 97% dos consumidores americanos pesquisados reconheceram o nome La-z-boy.

Tentando atrair os compradores jovens de hoje, a empresa implementou um telefone 0800 — de ligação gratuita, chamado "Crie um Lar". Aqueles que ligam para o número recebem orientação de decoração doméstica gratuita, além de ser informados da localização da loja mais próxima. Se as pessoas quiserem gozar o luxo de uma cadeira reclinável, a criação tipicamente americana de Shoemaker e Knabusch oferece horas de sono confortável.

46 ESTRELA DA MANHÃ
CORN FLAKES KELLOGG'S

Os primeiros flocos

Nas décadas de 1820 e 1830, Sylvester Graham, reverendo da Nova Inglaterra foi um dos primeiros americanos a recomendar as virtudes de uma dieta rigorosamente vegetariana para a cura das explosões de mau humor. Ele elogiava o uso de farinha de trigo integral moído em grãos grossos. A farinha Graham foi batizada em sua homenagem. Com o passar do tempo, seu nome seria dado também a um delicioso biscoito, popular até hoje: Graham Cracker. O reverendo Graham pregava o valor de um estilo de vida saudável e recomendava banhos e exercícios freqüentes e abstinência alcoólica. Seus seguidores eram chamados grahamitas.

> A Kellogg's gera vendas anuais de quase *US$ 1,7 bilhão mundialmente*. Sua fatia de mercado nos Estados Unidos é de aproximadamente 35% da categoria "pronto para uso".

O dr. James Caleb Jackson era um grahamita ardoroso, cuja refeição matinal favorita era um cereal frio com leite. A sua refeição chamou a atenção do dr. John Harvey Kellogg, que era o diretor do Sanatório Adventista de Battle Creek, em Michigan, um spa freqüentado pela elite.

Na ocasião, os assim chamados alimentos naturais não eram encontrados comercialmente. Kellogg, que encorajava seus clientes a continuarem suas dietas saudáveis em casa, produzia esse tipo de alimentos na Companhia de Alimentos Sanitas. Ele e seu irmão Will Keith — W.K. — já em 1894, haviam desenvolvido um floco de trigo, quando procuravam fazer um pão mais fácil de digerir. Esses flocos iriam colocar irmão contra irmão e iriam se tornar os líderes mundiais dos cereais prontos para uso no

ESTRELA DA MANHÃ

desjejum. Embora ambos fossem se tornar ricos e famosos, apenas W.K. tem nome e assinatura associados para sempre com os **Kellogg's Corn Flakes**.

Rivalidade fraterna

O que começou como uma rivalidade fraterna entre os meninos Kelloggs, iria dar início a um ritual nacional — começar cada dia comendo uma tigela de flocos de cereais com leite. A Companhia Sanitas tentou de todas as maneiras converter grãos em flocos de cereais, mas todos os esforços fracassaram. Então eles partiram para o pão. Os irmãos tentaram passar massa de trigo cozida por prensas cilíndricas, mas o resultado foi uma massa grudenta. Certo dia a prensa parou, a massa secou e se partiu em finos flocos de trigo. Em 1895, a Sanitas estava distribuindo 50 mil quilos de flocos anualmente e vendendo a caixa de 280 gramas por US$ 0,15.

> A cronologia dos cereais da Kellogg's:
> 40% Bran Flakes, flocos de 40% farelo em 1914; All-Bran, 100% farelo, em 1916; Rice Krispies, crocante de arroz, em 1928, os muitos cereais açucarados em 1952; Special-K em 1955 e Produto 19 em 1963.

Post-parto

Charles Wilson Post, que era um paciente em tratamento no Sanatório Battle Creek, freqüentemente andava pela propriedade para fazer o seu passeio matinal. Um dia ele parou para ver a fabricação dos flocos de cereal. O processo o intrigou; ele notou que a tecnologia era relativamente simples. Quando voltou para casa, ele montou a Companhia

ESTRELA DA MANHÃ

de Cereais Postum, fabricando uma bebida quente chamada Postum e um cereal de nozes chamado Grape-Nuts. Em 1900, a fábrica de cereais de C.W. Post gerava um faturamento de US$ 3 milhões.

Os irmãos Kelloggs ficaram indignados quando se inteiraram do empreendimento com cereais de Post. O dr. John concebera a Companhia de Alimentos Sanitas como um empreendimento altruísta, cujos produtos eram desenvolvidos para ajudar a saúde das pessoas. Dentro de um ano apareceram mais de duas dúzias de empresas em Battle Creek, fazendo cereais para desjejum de cevada, trigo, arroz e outros tipos de grãos.

Os irmãos se desentenderam sobre os objetivos comerciais do cereal. O dr. John queria que ele permanecesse como parte do Sanatório e W.K. queria vender quantos cereais em grão ele conseguisse para os Estados Unidos. Em 1900 a Sanitas se

> Uma promoção memorável de 1910 sugeria às mulheres que "piscassem para seu merceeiro para ver o que ganhavam". Era uma amostra grátis do Corn Flakes da Kellogg's.

mudou para novas instalações que custaram US$ 50 mil mas, o dr. John se recusou a pagar a sua parte, insistindo que ele nunca autorizara a construção. Isto marcou o começo do fim do trabalho conjunto dos irmãos.

Cereais em números

Em 1906, W.K. Kellogg abriu sua própria fábrica de cereais, a Companhia Battle Creek Toasted Corn Flake, e começou a colocar o produto oficialmente no mercado como Corn Flakes. O nome da empresa colocava em destaque um novo método de produção que resultava num floco mais gostoso e crocante. Em 1907 eram produzidos 2.900 caixas do cereal todos os dias. Sempre com o espírito empreendedor aguçado,

ESTRELA DA MANHÃ

Kellog investia pesadamente em propaganda — tendo desembolsado mais de US$ 1 milhão em promoções em 1911.

Depois que o dr. John renomeou sua companhia como Companhia de Alimentos Sanitas Kellogg em 1909, W.K. processou seu irmão para ter o direito exclusivo de usar o nome da família. No processo, W.K. acusava John de copiar o estilo de suas embalagens e slogans.

Gradualmente W.K. foi comprando as ações do irmão na Sanitas, e, em 1921, era proprietário único do nome Kellogg. Em 1922, quando a empresa perdeu o direito de usar "Flocos de Milho Tostado" como nome comercial do produto, W.K. refez o contrato social da empresa com o nome Companhia Kellogg.

Tal pai, tal filho

Infelizmente, a rixa familiar não terminou com os irmãos. John, o filho de W.K., descobriu um processo de maltificação que fez os flocos de cereais ficarem com sabor de nozes. Isto resultou no All-Bran, um novo cereal que fortaleceu o nome de Kellogg como o produtor de cereais de melhor qualidade (John ainda receberia o crédito pela criação de 200 patentes e marcas comerciais).

Pai e filho sobreviveram à escassez de alimentos causada pela Primeira Guerra Mundial, quando a matéria-prima era difícil de conseguir. Em 1920 a empresa registrou seu único prejuízo, mas rejeitou a oferta de compra de um concorrente. Tanto W.K. quanto John trabalharam seis meses sem ganhar nada. Mas os tempos difíceis fizeram com que pai e filho discutissem continuamente e, em 1925, W.K. obrigou John a sair da empresa.

Mesmo quando, em 1941, W.K. contratou um novo presidente para administrar a empresa, ele permaneceu como chefe titular. Em 1948 as vendas da empresa haviam atingido o patamar de US$ 100 milhões,

ESTRELA DA MANHÃ

principalmente em conseqüência da estratégia de propaganda e expansão de W.K., que morreu em 1951, com 91 anos. Além de suas conquistas comerciais ele criou a Fundação Kellogg's, que despejou milhões de dólares em instituições educacionais, de saúde e de agricultura. A empresa se tornou o maior produtor mundial de cereais prontos para uso, como resultado de um processo de fabricação de pão que fracassou.

47 FATIAS DE VIDA
CANIVETE DO EXÉRCITO SUÍÇO

O mercador de lâminas

Karl Elsener, nascido em 1860 em Zug, na Suíça, era um artesão que organizou a Associação de Mestres de Cutelaria da Suíça, em 1890. A primeira encomenda da sociedade foi um canivete para os soldados suíços. Até então, os suíços usavam canivetes feitos na Alemanha.

A primeira criação de Elsener foi em 1891. O "canivete do soldado" continha uma lâmina longa, uma chave de fenda, uma lima e um abridor de latas. Ele continuou fazendo variações deste protótipo básico: o canivete do escolar, do fazendeiro e sua obra-prima, o canivete do oficial.

Elsener patenteou o Canivete do Oficial Suíço em 1897. Este era uma versão mais leve e elegante do modelo dos soldados, apresentando quatro acessórios, além do saca-rolha e de outra lâmina menor. Em 1909 a popularidade do pequeno canivete ficou evidenciada

> O canivete do Exército Suíço era vermelho, porque se caísse na neve seria mais fácil localizá-lo.

pela enxurrada de imitações européias. Para inibir os concorrentes, Elsener criou a identidade da marca. Ele batizou sua empresa de Victorinox, para homenagear a sua mãe, Victória. Para homenagear o seu país, ele estampou o emblema nacional, a cruz suíça, no cabo: **Canivete do Exército Suíço**.

O plano americano

O Canivete do Oficial de Victorinox, o *Offizermessier* em alemão, era popular na Europa, mas não gozou de prestígio internacional antes da chegada das tropas americanas à Europa durante a Segunda

FATIAS DE VIDA

Guerra Mundial. Os soldados americanos podiam adquirir o canivete nas lojas especializadas, o que sempre se mostrou um excelente negócio. Como os ianques de língua inglesa não conseguiam pronunciar *Offizermessier*, eles simplesmente pediam o "Canivete do Exército Suíço" (no Brasil, Canivete Suíço).

Depois da guerra a Suíça recebeu poucos pedidos do canivete dos Estados Unidos, em sua grande maioria de lojas de cutelaria de alto nível. Em 1960 o canivete ganhou alguma notoriedade quando os russos expuseram o Canivete Suíço apreendido com o piloto Gary Powers, cujo avião U-2 havia sido derrubado por espionagem; os russos informaram que era um instrumento padrão dos espiões. Mesmo assim as vendas totais nos Estados Unidos, em 1974, totalizaram apenas US$ 800 mil.

> O Canivete Suíço era comercializado com a palavra "Victorinox" incluída no emblema da marca. Inox é uma abreviação de inoxidável, que significa tratar-se de aço que não enferruja. *Certa vez a fábrica recebeu uma carta endereçada ao sr. Victor Inox* (sic).

Com o passar dos anos, a empresa acrescentou mais lâminas e comercializava diversos modelos. Algumas das adições aos seis acessórios básicos foram: uma serra de madeira, tesouras, pinça, palito de dente, lixa de unhas, chave Phillips, escamador de peixe e extrator de anzol. O modelo mais vendido em todo o mundo é o Swiss Champion, equipado com 16 lâminas e 24 ferramentas, inclusive um cortador de fios e uma régua.

O aumento da popularidade do canivete nos Estados Unidos é atribuído às promoções e esforços de vendas do Grupo Forschner, especialista na comercialização de cutelaria e que já era cliente das facas de açougue da Victorinox desde 1930. Em 1975, o Forschner apresentou o canivete a lojas de cutelaria de alto nível, como a Hoffritz e em catálogos de artigos de luxo para caça, pesca e vida ao ar livre. Em 1981, as vendas nos Estados Unidos atingiram US$ 11 milhões.

FATIAS DE VIDA

As razões da atração pelo pequeno e versátil canivete vermelho são duas: a facilidade de carregá-lo e as funções múltiplas, que possibilitam muitos usos práticos no cotidiano e o seu pequeno tamanho e sistema de distribuição, que encantam seus proprietários. Os ex-presidentes Lyndon Johnson e George Bush (que imprimiu o escudo presidencial no canivete e o dava como presente) eram seus fãs. Os astronautas descobriram que ele era a ferramenta multifuncional ideal. O canivete é tão popular nos Estados Unidos que existe uma Sociedade do Canivete do Exército Suíço, com sede em São Diego com 2.300 sócios, cujo lema é *Semper Versatilis*.

> A intenção é que vale: A Eli Lilly & Companhia encomendou um canivete suíço feito com uma lâmina especial encurvada que podia ser usada para fazer traqueostomias. Ele era dado como presente promocional a médicos.

Perspicácia afiada

O Grupo Forschner continuou a expandir as vendas nas décadas de 1980 e 1990, sem aumentar significativamente os investimentos em propaganda. Elogios do produto boca-a-boca fizeram as vendas aumentar. Hoje, aproximadamente 6 milhões de canivetes suíços são feitos anualmente pela Victorinox; e 80% destes destinam-se à exportação. Os Estados Unidos são o principal importador, gastando US$ 10 milhões anualmente. É interessante observar que a Victorinox gasta anualmente 2% do seu faturamento descobrindo e processando imitações mais baratas.

O canivete desempenhou um papel importante em muitas histórias de resgates de arrepiar os cabelos, além de aparecer em romances e paródias:

- Um anestesista da Carolina do Norte usou o canivete de seis lâminas para fazer uma cirurgia num passageiro de avião que estava se sufocando com algo que havia comido.

FATIAS DE VIDA

- O assassino no romance de mistério *O terceiro pecado capital*, de Lawrence Sander, é uma mulher que corta a garganta de seus amantes com um Victorinox.
- Uma sátira de Johnny Carson mostrou um canivete de 1,80 m, com um acessório interessante: uma mulher de borracha em tamanho natural.
- Um esquete do programa humorístico *Saturday Night Life* lançou o canivete suíço para a cidade de Nova York, completo com uma submetralhadora.
- De um desenho animado na revista *New Yorker*, saía um sofá inteiro quando você abria uma "lâmina" do canivete.

No Museu de Arte Moderna de Nova York, em Manhattan, o canivete suíço da Victorinox está exposto na seleção exclusiva do museu de "Bons Desenhos Industriais".

Herdeiro suíço

Que futuro está reservado para um canivete que hoje é possuído por mais de 150 milhões de pessoas? Idéias para novos acessórios e ferramentas chovem na Victorinox todos os anos. Estas vão das absurdas — uma serra elétrica e um liquidificador — até as práticas — uma pequena lanterna. Será que um chip de computador ou um dispositivo de comunicação miniaturizado ainda irão demorar?

> Sexismo ou senso de oportunidade? A Victorinox agora fabrica um canivete cor-de-rosa, para mulheres.

A família de Karl Elsener continua liderando a empresa até hoje. Ele ficaria orgulhoso com a reputação de qualidade associada à sua criação. Ele também ficaria exultante em saber que o Exército Alemão compra um modelo verde especial da Victorinox para a sua tropa. Hoje, os alemães usam um canivete suíço.

48 UMA MONTANHA DE CAFÉ
STARBUCKS

O néctar dos deuses

Os americanos apreciadores de café havia muito sonhavam com cafeterias dotadas de brilhantes balcões de mármore branco, onde funcionários vestidos de branco prepariam fumegantes xícaras de café forte, uma a uma. Esses mágicos salões de café iriam oferecer preparados com nomes deliciosos e sonoros: caffè latte, espresso macchiato, caffè mocha e espresso con panna. Nesses palácios de sonhos dos amantes de café, mesmo uma simples xícara de café de coador iria libertar a magia oculta do grão de café.

Parecia improvável que uma fantasia de tal opulência pudesse se concretizar em solo americano. Mas depois de visitar Milão, na Itália, com seus reluzentes 1.700 bares de café expresso, Howard Schultz acreditou que poderia

> O objetivo da Starbucks para o século XXI é se tornar uma empresa multibilionária com filiais em todo o mundo.

fazer com que o sonho se tornasse realidade, e em 1985 ele abriu seu primeiro bar-café em Seattle, chamado Il Giornale. Schultz usava o café adquirido de seus antigos empregadores, uma empresa de torrefação varejista do noroeste do país chamada **Starbucks**.

Pelo amor de Peet

Alfred Peet, um holandês residente nos Estados Unidos, tinha vívida memória dos grãos de café arábico de alta qualidade, deliciosamente torrados, que ele comprava na Holanda. Em 1966, ele abriu o Peet's Cofee em Berkeley, Califórnia, vendendo cafés de qualidade

UMA MONTANHA DE CAFÉ

excepcional, para uma ávida clientela americana. Com o tempo, os viciados em café da Costa do Pacífico consideravam o local um verdadeiro santuário.

Zev Siegl, sócio de um futuro empreendimento numa cafeteria, partiu de Seattle em 1972, para ver e ouvir Peet expressar sua sabedoria sobre a preparação de café. Siegl foi um dos três investidores que levantou um total de US$ 11 mil para abrir uma casa de café em Seattle. Os outros dois foram Gordon Bowker, um colaborador de revistas e Jerry Baldwin, um professor como Siegl.

Os sócios decidiram dar o nome de Starbucks ao seu negócio, inspirados no nome do primeiro-imediato, amante de café, do clássico de Herman Melville, *Moby Dick*. Mantendo a temática náutica, uma ninfa de cauda dupla figurava no logotipo da empresa. Nos primeiros nove meses, eles adquiriram seus grãos de café de Peet e seduziram seus clientes com xícaras grátis.

Depois, eles mesmos começaram a torrar o seu café e Baldwin se tornou o melhor torrefador da empresa. Em 1982, a Starbucks havia aberto cinco unidades em Washington, e também administrava uma empresa de torrefação que fornecia café para restaurantes. Perfeccionistas, os sócios continuavam a seguir as regras de Peet. Eles sabiam que depois de torrado, a vida útil do café na prateleira era de apenas 14 dias, e assim doavam o café que passasse desse prazo a instituições de caridade.

> *O mito sobre o café nº 1* dos Estados Unidos: quanto mais fino o café é moído, menos pó é necessário. A fórmula é: duas colheres de sopa de pó de café para 180 ml de água. Com pouco pó não se consegue uma xícara saborosa e com muito o café fica amargo.

UMA MONTANHA DE CAFÉ

A combinação perfeita

Em 1982, dez anos depois de abrir seu primeiro negócio, a empresa contratou um nova-iorquino chamado Howard Schultz para supervisionar sua expansão. Schultz havia sido vice-presidente da Hammarplast, uma companhia de ferragens sueca. Depois de uma viagem para Seattle, ele ficou bem impressionado com a empresa.

Três anos depois, em 1985, Schultz foi enviado para a Itália numa viagem para a aquisição de grãos de café. Enquanto passeava por Milão, os inúmeros bares de café expresso chamaram sua atenção. Ele ficou impressionado com o sabor delicioso do café

> O que é expresso? É um café preparado forçando a passagem de vapor por grãos de café torrados, finamente moídos.

feito em reluzentes máquinas de café expresso de cobre e alumínio. E também percebeu que os bares eram pontos de encontro social para os milaneses.

Schultz voltou para os Estados Unidos apaixonado pelos bares de café expresso. Ele apresentou sua idéia de reproduzir esses bares para os proprietários da Starbucks, mas eles não se entusiasmaram. Ele insistiu, e em 1984 o conceito de bar-café foi testado na Starbucks de Seattle, onde se mostrou um sucesso instantâneo. O capital inicial veio de investidores e dos proprietários da Starbucks, que ficaram satisfeitos de ter a sua marca usada com exclusividade na loja.

A Starbucks comprou cinco lojas, em 1985, de Peet na Califórnia, mas o momento se mostrou desastroso, porque o mercado atacadista de café acabava de ser inundado com cafés aromáticos. A Starbucks se recusou terminantemente a incluir em suas lojas esses cafés aromáticos, que eles viam como aberrações em termos de café.

Depois de 15 anos vendendo cafés finos, o negócio deles havia perdido o brilho. Em 1987, os proprietários começaram a ficar interessados em

UMA MONTANHA DE CAFÉ

outros empreendimentos: Siegl já havia saído em 1980 e Bowker queria lançar a cerveja Red Hook.

Quem viria bater à porta com uma surpreendente proposta de compra? O antigo funcionário Howard Schultz, na ocasião proprietário de 11 bem-sucedidos bares de café expresso Il Giornale em Washington, Vancouver e Chicago. Sua oferta: US$ 4 milhões pela empresa. O negócio foi fechado, e Baldwin permaneceu na empresa como presidente do varejo. Da noite para o dia, todos os cafés Il Giornale mudaram seus nomes para o mais conhecido Starbucks.

O aprendiz de feiticeiro

Uma das chaves do sucesso para o principal objetivo de Schultz — lançar Starbucks por todo os Estados Unidos — era encontrar e treinar pessoal receptivo ao critério de qualidade da Starbucks. Seu lema era: "Contratar pessoas mais espertas do que você e não atrapalhá-las". Mas antes que a empresa pudesse não atrapalhá-los, os empregados novos teriam de ser treinados para entender a complexidade de se fazer o café. O processo de treinamento exige 24 horas de aula teórica e mais de 30 horas de experiência prática no local.

O eficiente sistema Starbucks separa o procedimento em três etapas: o pedido de café, a preparação do café e o gerenciamento das xícaras. O funcionário precisa ser capaz de dominar uma lista de oito variáveis: tipo, quantidade, tamanho, aromatizante, número de descargas de vapor, tipo de leite, consistência da espuma e o nome da bebida. Há sempre três funcionários envolvidos no pedido de um único cliente:

> A derivação da palavra *cappuccino* — a espuma de leite quente ou do creme que flutua sobre o café expresso — era da cor do hábito de um frade capuchinho.

UMA MONTANHA DE CAFÉ

um na máquina que faz o café, o segundo que faz espuma de leite e o terceiro no caixa.

A xícara deles transbordou

Os números revelam que a Starbucks é um fenômeno do setor de varejo. Em 1987 a empresa contava com 11 lojas; menos de dez anos depois, elas já haviam se multiplicado para 850. Neste período, Schultz contratou especialistas de informação e gerenciamento do setor de *fast-food*, com experiência, para supervisionar a expansão.

Em 1996 a Starbucks abriu sua primeira unidade no exterior, em Tóquio, esperando que os japoneses modernos também quisessem bebericar *cappuccinos* e *caffè mochas*. Seu plano mais atrevido é abrir a cadeia na Europa — especialmente na Itália, onde já existem mais de 200 mil bares de café expresso.

49 A FRIA QUENTE
SORVETE BEN & JERRY'S

A amizade perfeita

Ben Cohen e Jerry Greenfield se tornaram amigos na escola, onde eram os alunos mais robustos da aula de ginástica. Na faculdade, Jerry tirou a nota máxima em um curso chamado Técnicas Circenses, e aprendeu a ser um excelente comedor de fogo e quebrador de tijolos. Ben largou a faculdade e conseguiu alguns empregos temporários incomuns como separador de clara e gema de ovos, varredor de chão de supermercado e guarda-noturno de um autódromo. Com um início tão pouco promissor, eles se juntaram para procurar um negócio que fosse divertido, que lhes permitisse ser seus próprios patrões e a trabalhar quando, onde e como quisessem.

Um deles sugeriu um empreendimento com comida, pois *bagels* e sorvetes eram suas paixões. Imediatamente deram um nome para a idéia dos *bagels*, que seria a UBS (United Bagel Service), uma empresa de *bagels* para viagem, que seriam entregues em residências e escritórios. Mas, depois de apenas um telefonema para orçar o preço de uma máquina de fazer *bagels*, eles optaram por entrar no ramo de sorvetes. Eles se inscreveram em um curso de fazer sorvete por correspondência de US$ 5, em Penn State, e receberam a nota máxima no final (era um exame em que se podiam consultar livros). Com os "diplomas" em mãos, eles começaram a procurar uma cidade estudantil com clima quente e sem sorveteria. Bem, da parte "sem sorveteria" eles tiveram de abrir mão: eles acabaram em Burlington, Vermont, que se "vangloria" de ter uma média anual de 161 dias com temperaturas abaixo de zero e abriram a **Ben & Jerry's**.

> Em 1995 a fábrica de sorvetes Ben & Jerry's teve um faturamento de US$ 155 milhões.

A FRIA QUENTE

Todos clamam por sorvete

Sorvete, o confeito doce congelado feito de creme de leite, açúcar, sabores artificiais e ocasionalmente ovos, amêndoas, nozes e frutas, inicialmente era apenas gelo com sabores na Roma antiga. Raspadinhas e sorvetes italianos ainda são muito populares hoje.

Nos Estados Unidos, a fabricação de sorvete em escala comercial começou em Baltimore em 1851. Com a implementação dos processos de pasteurização e homogenização, agora era seguro produzi-lo para venda em grande escala. Mas foi só depois de ganhar embalagens individuais da Dixie, em 1920, que o sorvete obteve grande popularidade.

Depois da Segunda Guerra Mundial, freezers maiores e mais eficientes nas geladeiras possibilitaram o armazenamento do sorvete adquirido na seção de congelados dos supermercados e a demanda aumentou. Marcas regionais dominavam seus respectivos mercados: Breyers na cidade de Nova York, Knudsons em Los Angeles e a Dove Bar em Chicago.

Na década de 1960, um astuto empreendedor do Oeste iria pegar os clássicos chocolate, baunilha e morango, acrescentar mais creme de leite, adicionar uma grande variedade de sabores e converter o sorvete a granel no Häagen-Dazs, uma delícia para gourmets a um preço de gourmets.

> A fábrica de sorvetes Ben & Jerry's fez o maior *sundae* do mundo, que consumiu dez toneladas de sorvete.

O nascimento de uma noção

Os rapazes se mudaram para Burlington no outono de 1977, onde alugaram um posto de gasolina desativado. Eles batizaram a empresa de Ben & Jerry's, simplesmente porque soava melhor que

A FRIA QUENTE

Jerry & Ben's. Como prêmio de consolação Jerry foi nomeado presidente. Nos primeiros meses, enquanto reformavam o posto, eles tiveram as primeiras experiências no negócio de comida, vendendo cidra quente, café e biscoitos de cevada para uma loja de cerâmica da cidade. Eles iam até os fregueses e os entretiam com jogos e quebra-cabeças, começando a fazer algo que se tornaria uma marca registrada do seu negócio: eles davam bolachas de graça.

Ben e Jerry faziam experiências na preparação de sorvetes, algumas vezes obtendo produtos cremosos e saborosos; outras criando preparados que pulavam como uma bola ou se desmanchavam. Nem o sucesso e nem o fracasso impedia os sócios de experimentar tudo que eles faziam. Em 1978, eles juntaram seus recursos e com US$ 12 mil em dinheiro (dos quais US$ 4 mil eram emprestados), eles abriram sua sorveteria, a Ben & Jerry's Homemade Ice Cream Scoop Shop.

> Dois dos sabores dos sorvetes Ben & Jerry's têm nomes inspirados em astros do rock: Cherry Garcia e Wavy Gravy.

Na loja, um amigo tocava piano estilo *country*, enquanto os fregueses faziam seus pedidos. Esse amigo escreveu uma música para os empresários de sorvete chamada *Blues do Sorvete* (cuja letra dizia: Eu adoro sorvete caseiro, mas eu não gosto de pegar fila. Mas lá no Ben & Jerry's, bem, esperarei quanto tempo for necessário).

Pedaços no pedaço

Ben achou que estava faltando algo no sorvete — pedaços! Pedaços de fruta, pedaços de nozes, pedaços de chocolate, pedaços, pedaços e pedaços. Jerry preferia um sorvete homogêneo suavemente salpicado com aromatizantes e xaropes. Ele argumentava que sorvete com pedaços grandes poderia resultar em uma colherada só com sorvete e sem

A FRIA QUENTE

pedaços. Ben, um otimista, contra-argumentava que se uma colherada viesse sem pedaços, a próxima teria um pedaço enorme.

Pedaço ou não pedaço, eles estavam vendendo sorvete sem parar, cerca de mil casquinhas num dia quente. Certa ocasião, o sorvete acabou antes da hora do fechamento e eles tiveram de colocar o sinal internacional "sem sorvete" (uma casquinha de sorvete com uma faixa transversal vermelha em cima) na porta. No Dia das Mães, eles davam casquinhas grátis para todas as mães e duas para as grávidas. Sua primeira tentativa de atrair uma multidão foi fazer um gigantesco sorvete de cereja para 2 mil pessoas. Seus malabarismos promocionais de virar manchete culminaram na criação do maior *sundae* do mundo, um monstro de dez toneladas feito em St. Albans, Vermont, em homenagem à cidade.

> Os franqueados da Ben & Jerry's freqüentam a *Scoop U* (universidade casquinha).

O grande "furo"

O negócio começou realmente a se expandir, quando um restaurante de Burlington indagou se a empresa deles poderia ser sua fornecedora. Naturalmente Ben e Jerry responderam positivamente. Deduzindo que poderia haver outros interessados, Ben embalou algumas amostras, colocou no seu velho fusca e saiu visitando restaurantes e mercearias, oferecendo 12 sabores. Finalmente eles compraram um caminhão de sorvete e pintaram as laterais com um desenho infantil colorido. Eram dois braços gigantescos que percorriam as laterais encontrando-se na parte traseira e segurando duas casquinhas de sorvete gigantescas.

Sua loja ficou muito pequena para atender à demanda cada vez maior e a empresa se mudou para um local mais amplo, onde trabalhavam 12 pessoas na preparação e embalagem de potes de sorvete. Nitidamente era hora

A FRIA QUENTE

de abrir uma loja em Boston. Eles se transformaram num sucesso imediato lá também.

Mas nem todos em Boston lhes deram as boas-vindas. A Companhia Pillsbury, proprietária da Häagen-Dazs, avisou seus distribuidores que se estes quisessem continuar vendendo sua lucrativa linha Häagen-Dazs, não poderiam vender a marca Ben & Jerry's. A batalha legal que se seguiu foi resolvida com um acordo fora dos tribunais, mas não antes que os nanicos de Vermont deixassem os gigantes de Minnesota bem preocupados ao imprimir inúmeros adesivos de automóvel perguntando "Do que o grandão tem medo?" e Jerry fazer um piquete de uma única pessoa na frente da sede da Pillsbury, onde batia papo com os empregados e distribuía panfletos.

Removido o obstáculo Pillsbury, nada mais impediu a expansão regional e nacional da Ben & Jerry's. Em 1984, Ben e Jerry foram indicados como "A empresa varejista de sorvete do ano". Para promover seus produtos e, como sempre, para se divertir, embarcaram numa viagem de quatro meses no "Vacamóvel", um trailer modificado, e distribuíram casquinhas de graça. Mas, o veículo um dia se incendiou acidentalmente e Ben brincou, dizendo que ele havia feito o maior Alaska assado da história.

Estado da união

Ben e Jerry também compartilham uma consciência social; eles doam uma porcentagem de seus lucros para instituições de caridade. Em 1985 eles criaram a Fundação Ben & Jerry, que distribui mais de US$ 350 mil a entidades beneficentes. A fundação recebe 7,5% do lucro bruto da empresa.

Outra política adotada por eles que teve repercussão nacional foi a de faixas salariais da empresa: ninguém pode ganhar mais do que cinco vezes o que o empregado de menor salário ganha. Posteriormente, isto subiu para um múltiplo de sete vezes.

A FRIA QUENTE

Hoje em dia, tendo sobrevivido a algo equivalente a um "derretimento" das vendas, devido ao alto conteúdo de gordura e colesterol do sorvete, Ben e Jerry continuam se divertindo. Eles abriram duas lojas na Rússia. Seria curioso saber como sabores chamados Cherry Garcia, Chunky Monkey ou Aztec Harvest Coffee foram traduzidos para o russo. Mas de qualquer maneira, não haverá dúvida que estes sabores só poderiam ser da Ben & Jerry's.

50 AGENDA DE BOLSO
FILOFAX

Dignidade sob fogo inimigo

Durante a Segunda Guerra Mundial, a empresa londrina Norman e Hill nunca se considerou um alvo preferencial de ataque pela Luftwaffe. Eles produziam apenas uma pequena agenda compacta, que dificilmente poderia ser considerada uma ameaça aos nazistas. Mas, durante um ataque em 1940, bombas perdidas alemãs arrasaram seu edifício-sede e a empresa e todos seus registros foram destruídos. As perspectivas eram negras, levaria meses antes que a empresa conseguisse reconstruir suas listas de clientes e fornecedores. Enquanto seus colegas olhavam desolados para o resultado do bombardeio, Grace Scurr apareceu agitando uma agenda em sua mão. Ela continha toda a informação comercial de que a empresa necessitava para recomeçar a funcionar naquele mesmo dia! Grace, que havia sido contratada em 1928 como temporária para ficar apenas algumas semanas, acabou sendo efetivada como secretária. Foi ela quem cunhou o nome do organizador de bolso, quando ele foi registrado como marca em 1930. Fazia muito sentido que a pessoa que havia batizado o produto acabasse salvando a empresa, usando o organizador precisamente da maneira que ele havia sido concebido, para arquivar e manter informação: **Filofax**.

> A palavra "Filofax" aparece como verbete do *Dicionário de Inglês Collins*.

AGENDA DE BOLSO

Seu coração é dos dados

Tente imaginar a época dos seus bisavôs. Eles provavelmente nem tinham um número de telefone. Para falar com alguém na nova máquina complicada, eles giravam uma manivela algumas vezes e pediam à solitária telefonista para "ligar para o Lloyds da Gibbs Lane".

Para contatar o Lloyds hoje você precisa do seu número, código do país, cidade, ou número do telefone celular e número do fax — além do endereço de e-mail. Para enviar uma carta você precisa do número de CEP completo, além do endereço.

Como se pode esperar que alguém consiga encontrar todos estes números? E ainda ter controle das datas e dos ingressos do concerto? Recibos do tintureiro? Lavanderia? Cartões de crédito? Carteirinha da academia de ginástica? Carteira de motorista? E um calendário para anotar entrevistas, reuniões, aniversários e efemérides? Ter um local para reunir todas essas informações se tornou uma necessidade moderna.

> Woody Allen possui 20 Filofaxes.

Caos organizado

A Companhia Norman e Hill começou a funcionar em 1921, quando o gráfico William Rounce e o dono de uma papelaria, Posseen Hill, juntaram suas forças para comercializar um pequeno sistema organizacional, que tinha compartimentos segmentados para a manutenção de registros e datas. No seu período de formação, até 1933, a maioria dos compradores consistia de um grupo leal de jornalistas, religiosos, advogados e médicos. Era exatamente deste organizador prático de couro de novilha que pessoas com muitos compromissos estavam precisando. A cada ano

AGENDA DE BOLSO

as pessoas substituiriam o calendário com as anotações obsoletas, por um novo; o antigo era mantido como registro permanente.

Durante a Segunda Guerra Mundial a agenda foi amplamente usada pelos militares; os oficiais a consideravam de tremendo valor para acompanhar planos e dados. Ela se tornou uma aquisição compulsória dos oficiais que passavam pelo British Army Staff College, a faculdade do corpo de pessoal do exército inglês, em Camberley. Ele até ganhou um apelido em latim, *vade mecum*, significando "sempre com você". Uma seção especial para soldados foi criada, chamada de "Bíblia dos Comandantes de Tropas".

> O grosso Filofax impediu a progressão de uma bala em direção ao coração de um oficial inglês na Segunda Guerra Mundial.

Rei Davi

Em 1959, David Collischon adquiriu um Filofax. Ele se tornou um entusiasmado usuário do produto e fez a pergunta crucial: "Por que o Filofax não foi comercializado para um público internacional mais amplo?".

A seguir Collischon abordou a Norman e Hill, e em 1972 se tornou um dos seus atacadistas nos Estados Unidos. Ele e sua esposa abriram uma empresa chamada Pocketfax e nos oito anos seguintes usaram mala-direta para vender o Filofax, praticamente apresentando-o para milhares de clientes americanos.

AGENDA DE BOLSO

Valor do livro

Em 1980 os Collischons tinham recursos suficientes para adquirir a Norman e Hill, que na ocasião estava faturando meros US$ 225 mil anualmente. Sete anos depois a nova empresa estava gerando vendas de US$ 27 milhões e, em 1996, estas subiram drasticamente para mais de US$ 50 milhões.

E qual foi a razão do fantástico aumento nas vendas? A geração americana do "eu vivo para o meu trabalho", de 30 e poucos anos, descobriu no Filofax o organizador pessoal perfeito, a fonte de todas as informações de suas vidas ocupadíssimas. Além disso, as mulheres adotaram o organizador porque ele cabia perfeitamente nas suas bolsas ou maletas executivas.

AGRADECIMENTOS

A empresa de Ruth

Temos uma grande dívida de gratidão para com Ruth Mills, editora sênior do departamento profissional, de documentação e comercial da John Wiley & Sons, Inc. Ela concebeu este livro após ler o obituário do *New York Times* (de Robert McG. Thomas) de Edward Lowe, o inventor da Kitty Litter. Ruth Mills nos deu sugestões brilhantes e nos encorajou o tempo todo. Ela é a mãe da invenção deste livro.

A cupido

Fomos apresentados a Ruth Mills por uma amiga maravilhosa, Jo-Ann Wasserman, editora da John Wiley & Sons.

Os maravilhosos pesquisadores

Algumas pessoas muito especiais se empenharam em reunir listas de possíveis produtos. Nosso especial agradecimento a: Joie Smith, Carol Freeman Taffet, Eric R. Fox, Jane Gaillard, Ella Lippman Kelly, Peter Thompson, Carol Benjamin, Jed Spingarn e Ann Cohen.

Associados de publicidade e marketing

Muitas histórias de produtos foram obtidas por meio de contatos com velhos conhecidos: Bruce Kelly, Ari Kopelman, Bruce Alpert, Joe O'Donnell, Janice Lee, Joe Froschl e Robert Wagar.

AGRADECIMENTOS

Amigos prestativos

Em e Bal Golden, Kathy Green, Harold, Dave e Jean Green, Julie e Doug Donaldson, Marian Davis, Carol Bugge, Tim Mullen, Danny Deutch, Victoria Lang, Louis Milgrom, Naomi Wax, David Kumin, Mike Blaxill, Debbie Andrews, Rusty Maggie, Sidney Love, Francis Gasparini, Jack Feldman, Miho Cha, Chris Divine, os Adlers, Mike Davis, Joel Wassermann, Rick Hoffer, Ann Gordon, Scott e Therese Garsson, Elly Eisenberg, Amanda Green, James Hudson, Bob e Mary Hogan, Peter Golden, David Lai, Sean Kelly, os Rogges, Andy Woo, Michael Shalhoub, Paul e Betsy Rosengren, os Medweds, Emily Sachar, Seth e Barbara Zimmerman, Matti Leshem, Rich Campbell, Jack Mason, Gary Negbauer, John Werber, Nancy Sachar, Ed Kaczmarek, Hal Negbauer, Guy Maxtone-Graham, Tony Hoylan, Christine e Finbarr Murphy, Judy e Bob Greber, Karen e Steve Berkenfeld, Betty Lev, Cheristine e Steven Rhodes, Pat Ellis, Marian e Edward Last, Maureen e Jim Duke, Ron Davis, Sandra Small, Caroline e Richard McDonough, Ann Patch, Patrícia H. e Charles Clarkson, Carrie e William Rosenthal, Suzanne e Richard Lewis, Ed Hughes, Charles Hodgson, Mark Kaminsky, Vincent Izzo, Marvin Peck, Bruce Ettinger, David Toser, Cynthia Jenner, Sara e Geoffrey Thompson, Molly Rhodes, Fran Davis, Márcia Shrock e Monika Jain (na Wiley).

Assistentes animais

Zoli e Elwood.

BIBLIOGRAFIA

Browser's Book of Beginnings
   Charles Panati
   Houghton Mifflin Company, Boston, 1984

Encyclopedia of Consumer Brands, Volumes I, II, and III
   St. James Press, Detroit, MI, 1994

The Evolution of Useful Things
   Henry Petroski
   Vintage Books, Nova York, 1994

Great Modern Inventions
   Gerald Méssadi
   W & R Chambers Ltd., Edinburgh, Inglaterra, 1991

How lhe Cadillac Got Its Fins
   Jack Mingo
   Harperbusiness/A Division of Harpercollins, Nova York, 1994

International Directory of Company Histories, Volumes 1-16
   St. James Press, Detroit, MI, 1996

New Product Success Stories
   Robert J. Thomas
   John Wiley & Sons, Inc., Nova York, 1995

Notable Corporate Chronologies, Volumes 1 e 2
   Susan Boyles Martin, Editor
   Gale Research Inc., an International Thomson Publishing Co., Detroit, MI, 1995

Panati's Extraordinary Origins of Everyday Things
   Charles Panati
   Harper & Row, Nova York, 1987

Walker's Corporate Directory of U.S. Public Companies
   Walker's Research, LLC, E. Tollenaere Walsh, Publisher, San Mateo, CA, 1997